SCHEDULE BOOK

● Custom i Study ●

JN058928

手帳の使い方

問題集も遊びも自分で予定を立てちゃおう！
1年使うと自分だけのオリジナル手帳ができるよ♡

今月のポイント ：今月ゲットしたポイント
ちょきんポイント ：先月までのポイント＋今月のポイント

Monthly Schedule

4月

今月のポイント	ちょきんポイント
23 ポイント	23 ポイント

今月の「月」と「日」を書きこんでね♪
月の初めに、カレンダーを見ながら書くといいよ☆

月	火	水	木
		ピアノ 17:00〜18:00	
3 さんすう ①	**4** まゆちゃんの家ぞくとお花見 せいかつ ①	**5** ピアノ 17:00〜18:00 こくご ②	**6** 新学き さんすう
10 さんすう ③	**11** かん字のテスト せいかつ ③	**12** ピアノ 17:00〜18:00 こくご ④	**13** さんすう
17 さんすう ⑤	**18** せいかつ ⑤	**19** テスト ピアノ 17:00〜18:00 こくご ⑥	**20** さんすう
24 ⑦	**25** こくご ⑧	**26** ピアノ 17:00〜18:00	**27** まゆちゃんとあ さんすう

ポイントについて
宿題やお手伝い、習い事など、問題集以外にもポイントにできることを、おうちの方といっしょに話し合ってみてね☆

カスタムアイスタディのスケジュール
1週間ごとに計画を立てて、教科と問題番号を書いてね♪
クリアしたら、ペンやマーカーでチェック！
1問クリアで1ポイントゲットできるよ☆
見本ページは毎日コツコツタイプのモデルコースだよ！

今月の自分ルールを決めるよ！
クリアできたらシールをはってね♥

■マイ ルール■ クリアできたらシールをはろう！

1日1回は家のおてつだいをする！
ピアノのはっぴょう会をがんばる！

MY SCHEDULE

インデックスの
シールを
はってね☆

金	土	日		フリースペース
ばあちゃんの でごはん♡	**1** カスタムアイ スタディをゲット！	**2** スタート！！ こくご ①		カスタムもおてつだいも がんばるぞー！！ どんな 一週間だった？→ 😄 🙂 😣
かつ ②	**8** おでかけ ママとおかいもの	**9** まゆちゃんとあそぶ こくご ③		新学きはじまった✨ まゆちゃんと同じクラスで うれしい！ ♫ 😄 🙂 😣
かつ ④	**15** イベント パパとママとたくやと BBQ！！！	**16** こくご ④ ⑤		かん字のテストがあまり できなかった…。つぎは がんばる！！！ 😄 🙂 😣
かつ ⑥	**22** ピアノの はっぴょう会	**23** こくご ⑦		ピアノのはっぴょう会、 よくがんばりました。 とても上手でしたよ。 ママより ♡😄 🙂 😣
かつ ⑧	**29** 家ぞくできょうと旅行	**30** りょこう		今月のマイルールぜんぶ クリアしたよ はお寺がすご

☺☺☹のところは、
ぬったりなぞったりして、
1週間をふりかえろう！
メッセージをもらっても
いいよ！自由に使ってね☆

Monthly Schedule

月

今月のポイント

ちょきんポイント

ポイント

ポイント

月	火	水	木

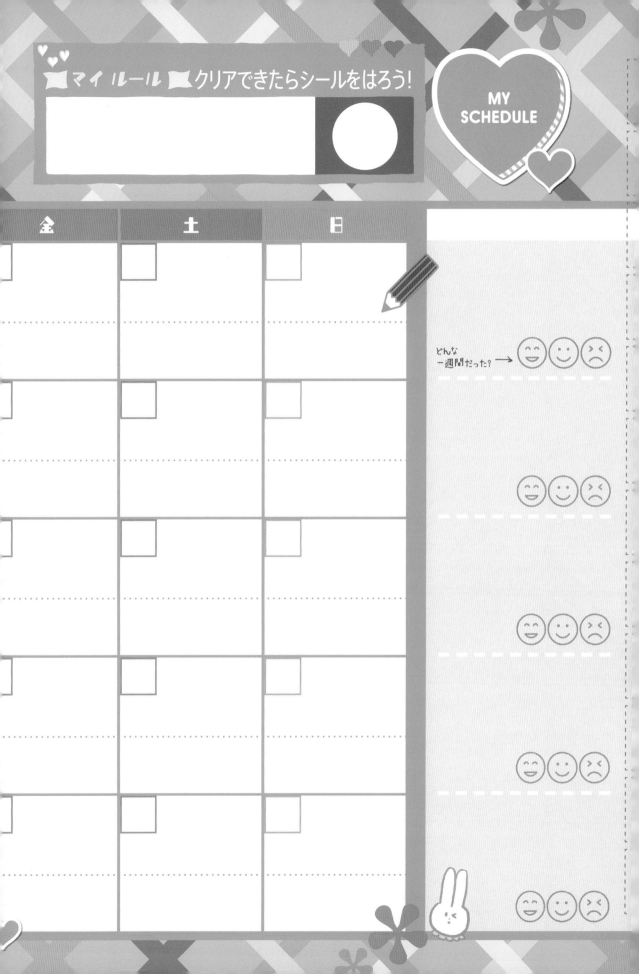

マイ ルール クリアできたらシールをはろう!

MY SCHEDULE

金　土　日

どんな
一週間だった？ →

Monthly Schedule

月

今月のポイント

ちょきんポイント

ポイント

ポイント

月	火	水	木

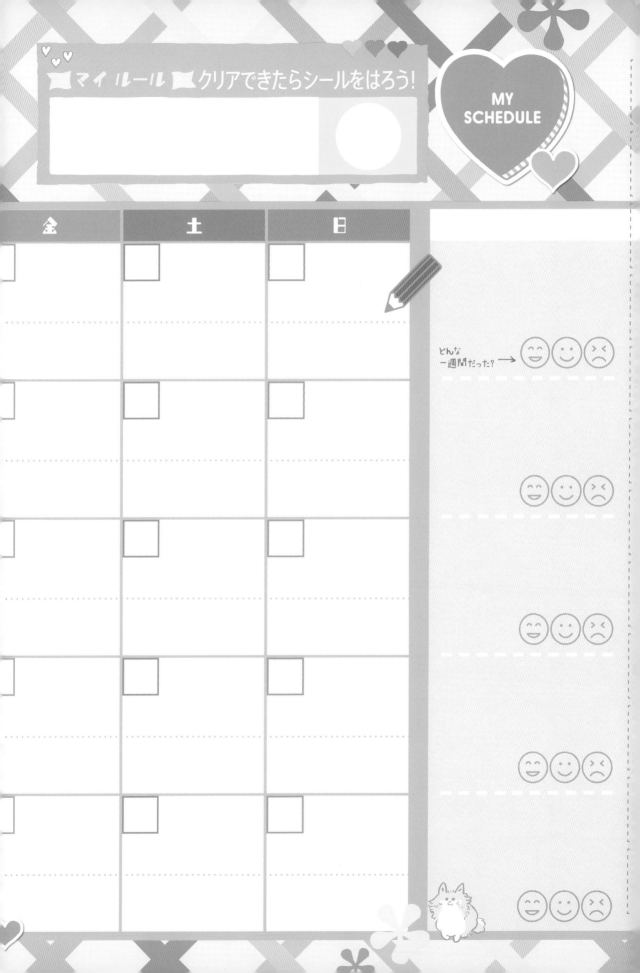

■マイ ルール ■クリアできたらシールをはろう!

MY SCHEDULE

金	土	日
	☐	☐
	☐	☐
	☐	☐
	☐	☐
	☐	☐

どんな
一週間だった? → 😄 🙂 😣

😄 🙂 😣

😄 🙂 😣

😄 🙂 😣

😄 🙂 😣

Monthly Schedule

月

今月のポイント

ちょきんポイント

ポイント

ポイント

月	火	水	木

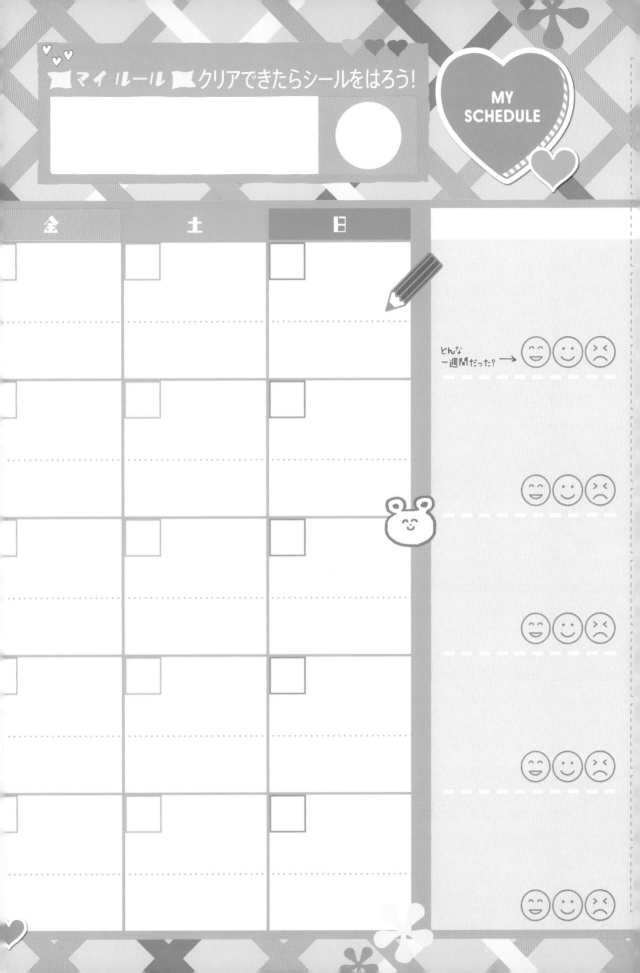

マイ ルール クリアできたらシールをはろう！

MY SCHEDULE

金	土	日

どんな
一週間だった? →

😄 🙂 😣

😄 🙂 😣

😄 🙂 😣

😄 🙂 😣

😄 🙂 😣

Monthly Schedule

月

今月のポイント

ちょきんポイント

ポイント

ポイント

月	火	水	木

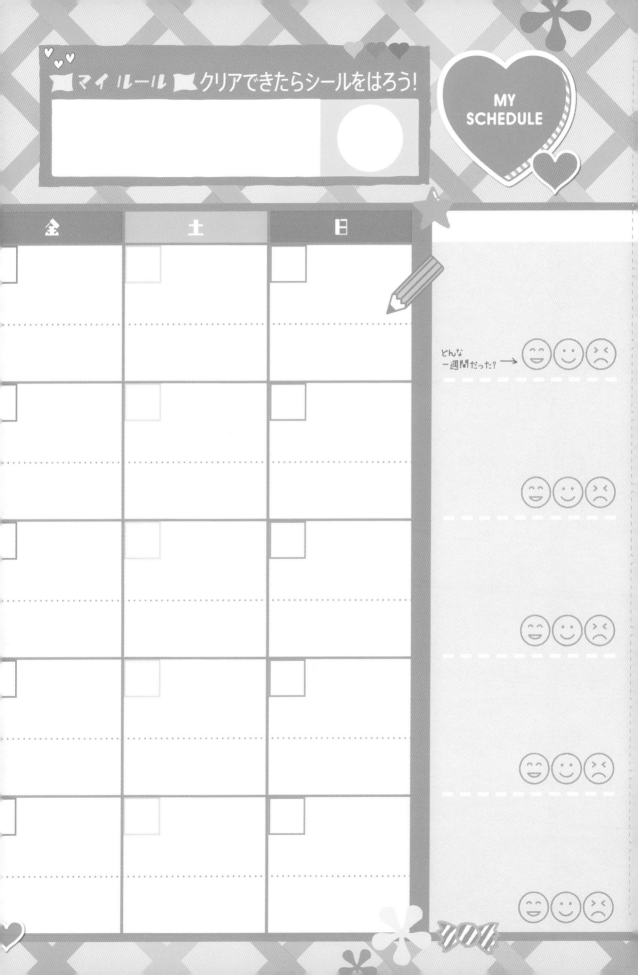

Monthly Schedule

月

今月のポイント
→ ポイント

ちょきんポイント
→ ポイント

月	火	水	木
□	□	□	□
□	□	□	□
□	□	□	□
□	□	□	□
□	□	□	□

金	土	日

どんな
一週間だった? → 😄 🙂 😣

😄 🙂 😣

😄 🙂 😣

😄 🙂 😣

😄 🙂 😣

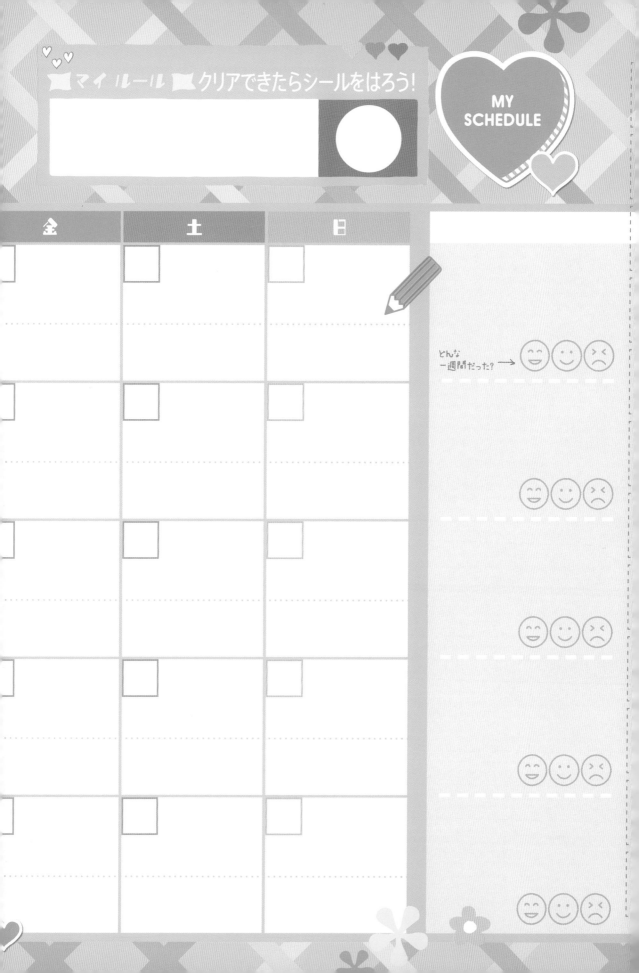

■マイ ルール ■クリアできたらシールをはろう!

MY SCHEDULE

金	土	日

どんな
一週間だった? → 😄 🙂 😣

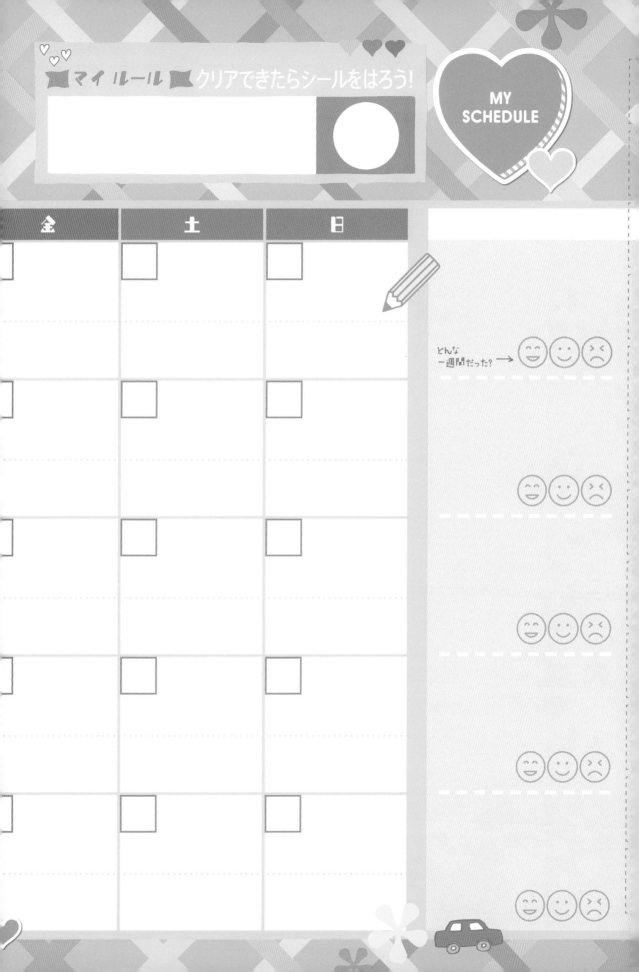

MY
SCHEDULE

金	土	日

どんな
一週間だった？ →

Monthly Schedule

月

今月のポイント

ちょきんポイント

ポイント

ポイント

月	火	水	木

MY SCHEDULE

金	土	日

どんな
一週間だった？ → 😄 🙂 😣

😄 🙂 😣

😄 🙂 😣

😄 🙂 😣

😄 🙂 😣

マイ ルール クリアできたらシールをはろう！

MY SCHEDULE

金	土	日

どんな
一週間だった？ →

Monthly Schedule

月

ちょきんポイント

ポイント

ポイント

月	火	水	木

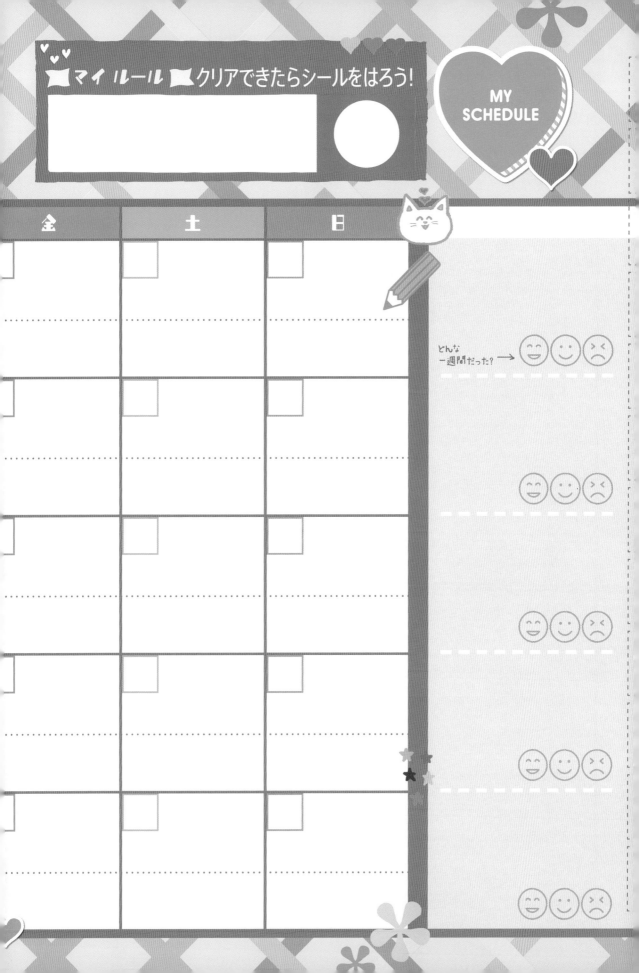

■マイ ルール ■ クリアできたらシールをはろう!

MY SCHEDULE

金　　　　土　　　　日

どんな
一週間だった? →

MEMO

MEMO

MEMO

MY PROFILE

名前
....

ニックネーム
....

じゅうしょ
....

....

電話番ごう
....

メールアドレス
....

たんじょうび   年   月   日   けつえきがた   がた

プリクラ・似顔絵

テレビ

音楽

げいのう人

イランド

わたしの
すきなもの
MY FAVORITE

タイプ

アプリ

色

教科

TIMETABLE
♥時間割♥

	月	火	水	木	金
1					
2					
3					
4					
5					
6					
放課後					

♥クラブ♥

♥ガカリ♥

NAME

カスタムアイスタディ シール

★ 手ちょうインデックス：かく月のはじまりに、シールを半分におってページをはさんではってね

1 JANUARY	2 FEBRUARY	3 MARCH	4 APRIL	5 MAY	6 JUNE
7 JULY	8 AUGUST	9 SEPTEMBER	10 OCTOBER	11 NOVEMBER	12 DECEMBER

★ 手ちょうシール：手ちょうによていを書きこむときにつかってね

★ じゆうにつかってね！手ちょうのチェックシールとしてもつかえるよ！

CUSTOM
i STUDY

カスタム アイ スタディ

小1

| こくご | さんすう | せいかつ |

about CUSTOM i STUDY

『カスタムアイスタディ』は、おしゃれが大スキな小学生のための問題集だよ！
おうちの方といっしょに、問題集・付録の使い方や、特集ページを読んでみてね☆

CONCEPT

1 小学1年生で習う3教科の基本が、この1冊で学べちゃう♪

2 「ニコ☆プチ」コラボの特集ページでやる気UP↑↑

3 手帳に予定を書きこんで、勉強も遊びも自分でカスタム☆

もくじ

問題集の使い方

すべての教科で、1単元1〜2ページの構成になっているよ。
1ページに1〜2つの大きな問題があるから、1日に取り組む問題の数を
自分で決めることができるね。取り組むペースに迷ったら、
5ページの「スタディタイプ診断」で、自分にぴったりなコースを見つけよう！

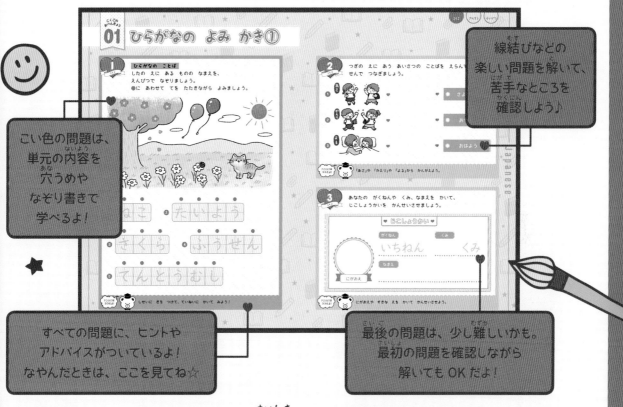

線結びなどの
楽しい問題を解いて、
苦手なところを
確認しよう♪

こい色の問題は、
単元の内容を
穴うめや
なぞり書きで
学べるよ！

すべての問題に、ヒントや
アドバイスがついているよ！
なやんだときは、ここを見てね☆

最後の問題は、少し難しいかも。
最初の問題を確認しながら
解いてもOKだよ！

＼いろんな問題形式で楽しく学べちゃう♪／

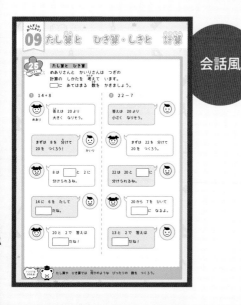

会話風

ノート風

手帳・シールの使い方

1週間ごとに問題集に取り組む予定を書きこんで、
クリアしたものをチェックしていくよ！
予定シールやデコシールをはって、自分だけのオリジナル手帳にカスタムしよう☆

スケジュール

その日取り組む
問題番号を書きこむよ♪

How To Use

1 1週間分の予定を書きこむ。
遊びや習いごとの予定も書いちゃお☆

2 その日クリアした予定をチェックする。
ペンやマーカーでかわいくデコろう♪

3 1週間をふりかえる。
がんばった自分をほめてあげてね！

シール

メモ

お絵かきやちょっとした
メモ書きに。自由に使ってね♪

プロフィール

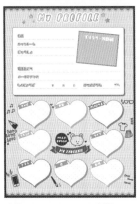

覚えておきたい情報や、
自分の成長の記録にもなるよ☆

時間割

スケジュールをたてるために、
時間割のチェックは大事！

「カスタムアイスタディ」をGETしたけど
最後（さいご）まで続（つづ）けられるかな？

プチ⑱
山腰理紗（やまこしりさ）ちゃん

自分にぴったりの
「スタディタイプ」を見つけてね☆

「スタディタイプ診断（しんだん）」で「YES」「NO」に答えて
それぞれのタイプのスケジュールのたて方や
勉強（べんきょう）テクをマネしてみよう！

プチ⑱
川瀬翠子（かわせすいこ）ちゃん

スタディタイプ診断

START

流行（りゅうこう）のファッションを チェックしている	No →	負（ま）けずぎらいなほうだ	Yes →	予定を立てるのは ニガテ
↓Yes		↓No		↓Yes
好（す）きなものは 最初（さいしょ）に食べるほう？	No →	かわいいより かっこいいって いわれたい！		めんどう見がいいって よくいわれる
↓Yes		↓Yes	Yes	↓No
どちらかというと あまえるのが上手		その日に必（かなら）ず やることを決（き）めている		今、習いごとに夢中（むちゅう）！
↓Yes	No ⤬ No	↓Yes		↓Yes

毎日コツコツタイプ	**サクサク先（さき）どり**タイプ	**夢も勉強も欲（ほ）ばり**タイプ
自分のペースで少しずつ進（すす）めるタイプのあなたは、毎日1題ずつ取り組んでみよう！約（やく）半年でマスターできるよ☆	あれもこれもちょう戦（せん）したいタイプのあなたは、毎日2題ずつ取り組んでみよう！約3ヶ月でマスターできるよ☆	やりたいことに一生けん命（めい）なあなたは、1週間に4題取り組んでみよう！約1年でマスターできるよ☆
 ▶ p.006-007	▶ p.008-009	▶ p.010-011

マイペースに少しずつ！
毎日コツコツタイプ

読書もピアノも
毎日少しずつ!!
1ヶ月でデキル子に
なる!!

すごーい!!

この日は朝から
がんばっちゃった★

**月〜金の
スケジュール**

7:00	おきる
	お花の水やり→朝ごはん→通学
8:00	
	学校
15:00	学校の HW・おやつ
17:00	ピアノのおけいこ
18:00	帰る
18:30	
	夕ごはん
19:30	カスタム
20:00	おふろ
21:00	読書
21:30	
	ねる

わたしの一日♡

この日、めっちゃ
スッキリねむれたなぁ。
なんでだろう？

ねる前の読書が
いいのかも？!

Monthly Schedule

4月

今月のポイント **23** ポイント
ちょきんポイント **23** ポイント

月	火	水	木
		ピアノ 17:00〜18:00	
3	4 まゆちゃんの家ぞくとお花見	5 ピアノ 17:00〜18:00	6 新学き
さんすう①	せいかつ①	こくご②	さんすう
10	11 かん字のテスト	12 ピアノ 17:00〜18:00	13
さんすう	せいかつ③	こくご④	さんすう
17	18	19 テスト ピアノ 17:00〜18:00	20
さんすう	せいかつ⑤	こくご⑥	さんすう
24	25	26 ピアノ 17:00〜18:	27 ちゃんと
さんすう	せいかつ⑦	こくご	

Point!!
毎日1問ずつ
解いていくのがポイント★
時間を決めておくといいかも？
わたしはおふろの前！

006

『毎日コツコツタイプ』さんのトクチョウ

#マイペース #あまえ上手

友だちから「マジメ」「字がキレイ」とよく言われる！
そんなアナタは、自分のペースで努力（どりょく）を続（つづ）けることができるはず☆
小さなコツコツを積（つ）み重（かさ）ねて、1年後にはもっとステキな自分になろう！

ワンポイント 勉強（べんきょう）や習（なら）いごとをがんばった日は、
ペンやシールでかわいくデコって、自分をほめちゃおう☆

土・日の
スケジュール

マイルール クリアできたらシールをはろう！

1日1回は家のおてつだいをする！
ピアノのはっぴょう会をがんばる！

MY SCHEDULE 4

金	土	日	フリースペース
～ちゃんの	1	2	カスタムもおてつだいも
ごはん♡	カスタムアイ スタディをゲット！	スタート!! こくご①	がんばるぞー！！
	8	9	一週間Mだった？ 😄🙂😣 新学きはじまった✦
かつ②	ママとおかいもの こくご③	まゆちゃんとあそぶ	まゆちゃんと同じクラスで うれしい！ 😄🙂😣
	15	16	かん字のテストがあまり
かつ④	パパとママとたくやと BBQ！！！	こくご⑤	できなかった…。つぎは がんばる！！！ 😄🙂😣
	22	23	ピアノのはっぴょう会、 よくがんばりました。
かつ⑥	ピアノの はっぴょう会	こくご⑦	とても上手でしたよ。 ママより 😄🙂😣
	29	30	今月のマイルールぜんぶ
かつ⑧	家ぞくできょうと旅行		クリアしたよ！きょうと はお寺がすごかった！ 😄🙂😣

勉強のおまもり買ってもらった！
これでかしこくなるぞー！

8:30	**おきる**
	朝ごはん→したく
10:00	
	ママとおかいもの！
14:00	**きゅうけい！**
15:00	ピアノの練習（れんしゅう）
16:00	パパとたくやとおさんぽ
17:00	**夕ごはんのおてつだい**
18:00	夕ごはん
19:00	学校の HW とカスタム
20:00	**おふろ**
21:00	**ドラマを見る**
22:00	**ねる**

休みの日も
しっかりコツコツ！

がんばれ！

いろんなことに興味シンシン！
サクサク先どりタイプ

Good Point！
朝の時間も
がんばっててスゴイ！

朝もカスタムを
がんばるって
きめてるの！

今月はイベントが
いっぱい！
メリハリつけて
がんばるぞ〜

月〜金のスケジュール

7:00	おきる
	カスタム
7:30	朝ごはん→通学
8:00	
	学校
15:00	学校のHW
16:00	
	えい会話
17:30	きゅうけい！
18:30	夕ごはん
19:30	おふろ
20:00	テレビ見ながら 家ぞくとおしゃべり
21:30	ねる

Monthly Schedule 5月

今月のポイント	ちょきんポイント
→ 41 ポイント	→ 76 ポイント

月	火	水	木
1 こくご⑭ さんすう⑭	2 こくご⑮ さんすう⑮	3 ✦ おじいちゃんの	4
8 こくご⑰ さんすう⑰	9 えい会話 16:00〜17:30 せいかつ⑪	10 おこづかい日♡ こくご⑱ さんすう⑱	11 こくご さんすう
15 こくご㉑ さんすう㉑	16 テスト えい会話 16:00〜17:30 せいかつ⑬	17 こくご㉒ さんすう	18 こくご さんすう
22 こくご㉕ さんすう㉕	23 えい会話 16:00〜17:30 せいかつ	24 遠足 遠足	25 こくご さんすう
29 こくご㉘ せいかつ	30 えい会話 16:00〜17:30 せいかつ⑱	31 テスト 音楽のテスト！ こくご さんすう	

少しずつ
えい語を話せるように
なってきた！

カッコイイ〜

ミュージカルを
見に行くんだって！
楽しみ〜〜♪

『サクサク先どりタイプ』さんのトクチョウ

#できるコ　　#たよれるリーダー

しっかり者で「かっこよくなりたい」コが多いタイプ！
アナタはきっと、自分みがきをがんばる努力家なはず☆
もっとデキル自分になるために、小さな目標を決めるといいよ♪

ワンポイント　約束やイベントがある日をカラフルにデコっちゃおう♡
その日にむかって、やる気もアップ！

マイ ルール　クリアできたらシールをはろう！

じゅくと学校のしゅくだいは、
その日にかならずおわらせる！
土日は家のおてつだいをする！

MY SCHEDULE

5

金	土	日	フリースペース
まり！→ ♥	**6** あすかのたん生日 こくご せいかつ⑩	**7** こくご⑯ さんすう⑯	ひさしぶりに おじいちゃんに会えて うれしかった！ どんな一週間だった？ 🎵 😊 😐 😞
~19:00 …つ⑫	**13** こくご㉑ さんすう㉑	**14** ゆう園地 **ゆう園地**	ゆう園地にいくために、 カスタムもしゅくだいも しっかりがんばった！ ✨ 😊 😐 😞
~19:00 …つ⑭	**20** ピクニック♪ こくご㉔ さんすう㉔	**21** こくご㉔ さんすう㉔	ピクニック楽しかったね。 土曜にできなかった べんきょうを、次の日にできて エライ！ 😊 😐 😞
~19:00 …つ⑯	**27** びょういん こくご㉗ さんすう㉗	**28** えいがと ショッピング せいかつ⑰	遠足のミュージカル とってもよかった！ またいきたい！ 😊 😐 😞 うたのテスト、とっても キンチョーした (><) 次はもっとがんばる！ 😊 😐 😞

土・日のスケジュール

8:30	おきる
	朝ごはん→したく
10:00	1週間の復習 & カスタム
12:00	お昼ごはん
13:00	
	家ぞくで映画 & ショッピング
17:30	おてつだい
18:30	おふろ
19:30	夕ごはん
20:30	YouTube 見たり 本を読んだり
22:00	ねる

妹といっしょに
アイドルのダンスを
見ながらおどるのが
すき♡

Point!!
休みの日は
午前中に勉強して、
午後は思いっきり
あそぶんだ～♡

どんなことでも一生ケンメイ!
夢も勉強も欲ばりタイプ

#Morning Routine ♡
スッキリめざめて
1日ゲンキ!!

おはよ〜!

Good Point 1
朝から
エネルギッシュ!

今月はうんどう会!
1番になるために
がんばるよ!

月〜金の
スケジュール

7:00	おきる
	ランニング
7:30	朝ごはん→通学
8:00	
	学校
15:00	きゅうけい!
16:00	バレエの練習
17:00	
	夕ごはんのおてつだい →夕ごはん
18:30	学校の HW とカスタム
19:30	おふろ
20:30	テレビ見ながらストレッチ
21:30	
	ねる

Monthly Schedule

9月

今月のポイント → 17 ポイント
ちょきんポイント → 97 ポイント

月	火	水	木
3 しんがっき! さんすう㉝	4 せいかつ⑫ こくご㉞	5 ゆうくんの家で ゲーム大会!	6 じゅく 17:30〜1
10 こくご㉟	11 さんすう㉟	12 じゅくのテスト べんきょう!!	13 じゅく 17:30〜1
17 さんすう㊱	18 せいかつ⑬	19 本やかいにいく! こくご㊲	20 じゅく 17:30〜1 さんす
24 こくご㊳	25 さっきー バースデー さんすう㊴	26 こくご㊴	27 じゅく 17:30〜1 さんす

やらない日があってもOK!!
ムリのないペースで
がんばろう!

#Night Routine
毎日つづけて
やわらかく
するぞー!!

読みたい本があったから
一気読みしちゃった!
そのかわりに、土曜日に
がんばったよ!!

『夢も勉強も欲ばりタイプ』さんのトクチョウ

#めちゃパワフル　　#カラダが先に動いちゃう

エネルギッシュで、「やりたい!」と思ったことはすぐに行動しちゃう!
自分がやりたいことは、先にしちゃってOK♪
後回しにしたことも、ちゃんとカバーできる人になっちゃおう★

ワンポイント　「勉強できなかった💦」日は、夜のうちにスケジュールを
見直して、かわりの日をすぐ決めちゃおう!

土・日の
スケジュール

マイルール クリアできたらシールをはろう!

うんどう会のかけっこで1番になる!
じゅくのテストで90点とる!

MY
SCHEDULE

Welcome ♡

金	土	日
	1	**2**
	こくご 33	
~18:30	**8** おばあちゃん🏠 →あみとあそぶ さんすう 34	**9** おかいもの
~18:30	**15** こくご 36 せいかつ 18	**16** えいがみる! おでかけ
~18:30	**22** こくご 37 さんすう 37	**23** 水ぞくかん おでかけ
~18:30	**29** うんどう会 うんどう会	**30**

フリースペース

夏休みがおわって
少しさびしい…。
でも学校はたのしい♡
どんな一週間だった? ✨😊😐☹️

みんなと毎日会えるのが
たのしい!でも、
しゅくだいはイヤかも…。
😊😐☹️

じゅくのテストで100点
だった♡ テストべんきょう
してよかった!
😊😐☹️

水ぞくかん楽しかった!
ジンベイザメに
のってみたいなあ。
🎵😊😐☹️

9

かけっこで1番だったね!
べんきょうもスポーツも
がんばっててステキだよ!
😊😐☹️

9:00	おきる
	朝ごはん→したく
10:00	おばあちゃんの家にいく
12:00	お昼ごはん
13:00	
	友だちとあそぶ
17:00	
	じゅくのHWとカスタム
18:30	夕ごはん
19:30	お母さんとおさんぽ
20:00	おふろ
21:00	テレビ見ながらストレッチ
22:00	ねる

さすが!

この週はお母さんに
ほめられたよ◇

Point!!
お勉強は一気に
終わらせちゃう!
日曜日はゆっくりしたい
からね!

011

学校へん

小学生が知りたい！ なんでも

小学生115人にきいてみたよ。
みんなに学校とおうちでのこといろいろ教えてもらっちゃった♪

Q ランドセルの色はなに色？

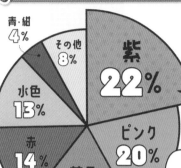

- 紫 **22%**
- ピンク **20%**
- 茶色 **19%**
- 赤 **14%**
- 水色 **13%**
- その他 **8%**
- 青・紺 **4%**

好きな色のランドセルにすると学校に行くのも楽しくなるね♪

ビビットピンクのランドセルの子もいてまさに十人十色だね！

Q 好きな教科は？

図工の授業が大人気だね☆ キミはなにを作りたい？

 1位 図工 2位 体育 3位 音楽

Q ニガテな教科は？

1位 算数 2位 社会 3位 国語

ニガテな教科をこくふくすると、楽しく勉強できるようになるかも♡

Q 好きな学校の行事を教えて！

1位 遠足 2位 運動会 3位 社会科見学
修学旅行

おやつを持っていくと盛り上がることまちがいナシ！

Q 学校ではなんのクラブ（部活）にはいってる？

1位 **手芸クラブ**

2位 家庭科クラブ
パソコンクラブ
バドミントンクラブ

Q 将来の夢はある？

- ない **27%**
- ある **73%**

今はまだ見つからなくてもダイジョウブ！あせらずに自分の好きなものやことを見つけることから始めよう！

Q 「ある」と答えた人は将来の夢を教えて！

薬ざい師
イラストレーター
助産師
アイドル
作家

じゅう医
学校の先生
パティシエ
YouTuber

ランキング おうちへん

みんなの知りたかったことはあったかな？
学校とおうちでの過ごし方の参考にしてね。

Q 習いごとはしてる？
※複数回答あり

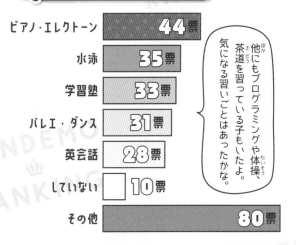

ピアノ・エレクトーン	44票
水泳	35票
学習塾	33票
バレエ・ダンス	31票
英会話	28票
していない	10票
その他	80票

他にもプログラミングや体操、茶道を習っている子もいたよ。気になる習いごとはあったかな。

Q 朝ごはんはパン派？ご飯派？

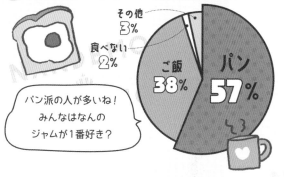

パン 57%
ご飯 38%
食べない 2%
その他 3%

パン派の人が多いね！みんなはなんのジャムが1番好き？

Q スマホ・ケータイは持ってる？

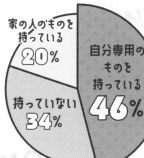

家の人のものを持っている 20%
自分専用のものを持っている 46%
持っていない 34%

スマホもケータイも便利だけど、安全に使うことが大事だよ！SNSとの付き合い方を考えよう。

Q 毎日なん時ごろに起きてる？

1位 6時30分
2位 ~7時　3位 ~6時

Q 毎日なん時ごろにねてる？

1位 21時台
2位 22時台　3位 20時台

Q おこづかいは毎月いくらもらってる？

1位 もらっていない
2位 501~1000円
3位 301~500円

もらってない人の方が多いんだね！もしもらえたらみんなはなににおこづかいを使う？

Q おこづかいはなにに使ってる？

1位 文具　2位 本　3位 飲み物
4位 友達との遊び　5位 コスメ

いろんな使い方があるね！なにに使おうかなやんじゃう～！

モチベアップ・テク紹介

ニコ☆プチ読者モデル（プチ読）のみんなに毎日の勉強のモチベーションを上げる方法をきいてみたよ。みんなにぴったりのテクが見つかるはず…！

01 文具

自分の好きなものに囲まれて勉強することでモチベアップ♡
文具にもこだわるよ。

プチ読のオススメ

- ♥ かわいいペンを使うよ！（ERENAちゃん・小6）
- ♥ 筆箱は化しょうポーチにもなるようなかわいいポーチにするとよい！（ゆちゃん・小6）
- ♥ かわいいガラの新しいグッズをゲットするとやる気がでるよ。（RIRINちゃん・小6）

プチ読のオススメ

- ● 勉強後にYouTubeを見たり、ゲームをしたりすることを想像してモチベを上げるの♪（もなちゃん・小5）
- ● テストで100点とったらお父さんとお母さんからごほうびがもらえる！（みーたんちゃん・小2）
- ● 勉強が終わったらおやつを食べられることにしてモチベアップ！（キララちゃん・小2）

02 自分にごほうむ

がんばった先にあるごほうびタイムを想像すれば、やる気がみなぎってくる！

03 勉強机にひと工夫

勉強机も素敵にデコレーションしてモチベアップ！座りたい机まわりにすることで、宿題をやりたくなっちゃうかも！？

プチ読のオススメ

- ♥ K-POP大人気グループのグッズを置いてモチベアップ♡（みゆちゃん・小5）
- ♥ 机の横にぬいぐるみを置いて集中！（りおなちゃん・小5）
- ♥ 机の上に好きなキャラクターのグッズを置いてやる気アップ！推し活グッズは大事！（ひなたちゃん・小4）

04 いやしグッズ

いやしグッズで心も身体も
リフレッシュ！みんなは
なににいやされてるのかな？

プチ読のオススメ

- 多肉植物を置いてモチベ＆
  いやし度アップ！（こっちゃん・小5）
- ねこをなでるといやされるよ☆（あおにゃーちゃん・小6）
- クマのグッズにいやされているよ♪
  いろんな種類のクマが好き！（つむつむちゃん・小4）

プチ読のオススメ

- 勉強前にボーカロイド曲をきくとテンション＆
  モチベアップ！（ゆあちゃん・小6）
- ポップな音楽をきいてモチベを上げるよ。K-POP や
  ドラマの主題歌をよくきくかな♪（ナナちゃん・小4）
- 音楽をききながら勉強をするよ。今はやりの曲や
  TikTok メドレーがオススメ！（みきちゃん・小6）

05 音楽をきく

音楽をきいてモチベを
上げる子がいっぱい！
ノリノリな曲をきいて
テンションを上げよう☆

06 その他

プチ読のみんなが教えて
くれた「モチベアップ♡
テク」はまだまだあるよ！
ここで紹介するね♪

プチ読のオススメ

- ママとのハグでモチベアップ♡（みやねこちゃん・小4）
- 好きな人が頭が良いから、テストで100点を取って
  話しかけるネタを作るの！（みやかちゃん・小5）
- 先に遊んでから宿題をするのもオススメ♪先に遊んだ
  ことで宿題をしなきゃいけない気持ちになるよ。
  （KURUMI ちゃん・小5）

親子で知りたい！ YouTubeとの付き合い方

小学生の子どもをもつ保護者（ほごしゃ）1676人に「お子さまがよく見るSNSやアプリは？」と聞いたところ、約7割が「YouTube」という回答でした。また、家庭学習（かていがくしゅう）のおなやみについて聞いたところ、「YouTubeと勉強のメリハリがつけられていない」「時間配分（はいぶん）がわからない」「学校支給（しきゅう）のタブレットがあるから、すぐにYouTubeをみてしまう」などのおなやみが多数寄せられました。今回は、本書の監修者（かんしゅうしゃ）である石田先生に「親子でどのようにしてYouTubeと付き合っていくか」という観点（かんてん）で、お話をうかがいました。

お子さまがよく見るSNSやアプリは？

- YouTube 66%
- 特にない 27%
- TikTok 11%
- Instagram 4%
- その他 2%

▶ YouTube vs 勉強！ メリハリのつけかた

近年、小学生がなりたい職業（しょくぎょう）の1位は「YouTuber」となっています。それほどYouTubeが子どもたちにあたえるえいきょうは大きいということです。しかしコロナ禍（か）になり、YouTubeを見るだけでなく、発信（はっしん）する大人（おとな）も増えました。それだけYouTubeは私たちにとって身近（みぢか）なものとなっています。YouTubeで学習（がくしゅう）することもあれば、ききたい音楽をきくこともできる多様（たよう）なメディアになりました。

このように魅力的（みりょくてき）なYouTubeですから、当然（とうぜん）のことながら、一度見始めるとやめられなくなり、いつしか何時間も見ることになります。またテレビと違（ちが）って、近いきょりで画面（がめん）を見続（みつづ）けるため、目も悪（わる）くなります。良いことがある反面（はんめん）、悪いこともあるわけです。ではどうしたらいいでしょうか。

上手に付き合（あ）えばいいわけです。そのためには2つのことが必要（ひつよう）です。1つは「時間管理」、もう1つは「ルール作り」です。

▶ 「時間管理」と「ルール作り」

時間管理のコツは「見える化（か）」です。『カスタムアイスタディ』のQ&Aでも書いているように、いつ何をやるのかを紙に書き出して、終わったら赤ペンで消（け）していきます。その際（さい）、動画（どうが）を先に見るのか、宿題（しゅくだい）を先にやるのかを決めます。迷（まよ）ったらどちらの順番（じゅんばん）も試（ため）してみて、動画と宿題の両方（りょうほう）ともできる方を選択（せんたく）しましょう。

ルール作りのコツは「親子でいっしょに作る」ことです。親の一方的（いっぽうてき）なルールでは機能（きのう）しません。

ルールの決め方
① 子どもはどう使（つか）いたいのかを話す
② 親はどう使ってほしいのかを話す
③ ①②をもとに話し合ってルールを決める

ポイント
- ルールを守れなかったときのペナルティも子ども→親の順で決めておく
- 話し合いの様子を動画でさつえいしておく
- 1週間試してルールの修正（しゅうせい）をする

ルール決めは「子ども→親→話し合い」の流（なが）れで、子どもが納得（なっとく）するルールで始めることです。しかし、一度（いちど）決めたルールはほぼ間違（まちが）いなく守（まも）られません。そこで1週間後に修正することも、あらかじめ決めておきましょう。

これからの時代（じだい）は娯楽（ごらく）だけでなく勉強も「ゲーム的、動画で学ぶ・知る・楽しむ」が主流（しゅりゅう）になります。無闇（むやみ）やたらに厳（きび）しい制限（せいげん）も良くなく、心身（しんしん）に問題（もんだい）が出るほど自由にやりたい放題（ほうだい）するのも良くありません。楽しむことができる水準（すいじゅん）を親子で決めていくことをおすすめします。

監修者 石田勝紀先生

（一社）教育デザインラボ代表理事。20歳で学習塾を創業し、これまでに4000人以上の生徒を直接指導。現在は子育てや教育のノウハウを、「カフェスタイル勉強会〜Mama Cafe」などを通じて伝えている。

[Voicy]

LET'S STUDY

Japanese

～こくごの　おべんきょう～

もくじ

1 こくご

ひらがなの ことば

したの えに ある ものの なまえを、
えんぴつで なぞりましょう。
●に あわせて てを たたきながら よみましょう。

① ● ●
ね こ

② ● ● ● ●
た い よ う

③ ● ● ●
さ く ら

④ ● ● ● ●
ふ う せ ん

⑤ ● ● ● ● ● ●
て ん と う む し

Japanese

2

つぎの　えに　あう　あいさつの　ことばを　えらんで、
せんで　つなぎましょう。

①  ❤ ❤ ◉ さようなら

②  ❤ ❤ ◉ おやすみ

③  ❤ ❤ ◉ おはよう

POINTは
ココだよ！　「あさ」や　「かえり」や　「よる」から　かんがえよう。

3

あなたの　がくねんや　くみ、なまえを　かいて、
じこしょうかいを　かんせいさせましょう。

♥ じこしょうかい ♥

がくねん　　　　　　　くみ

いちねん　　　　　　　くみ

なまえ

にがおえ

POINTは
ココだよ！　にがおえや　すきな　えを　かいて　かんせいさせよう。

ひらがなの よみ かき②

「゛」や 「゜」の ある ことば

したの えに ある ものの なまえを、
えんぴつで なぞりましょう。

●に あわせて てを たたきながら よみましょう。

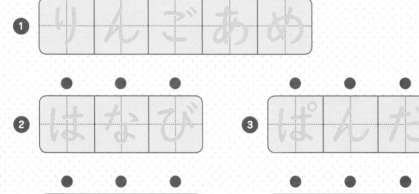

① りんごあめ

② はなび

③ ぱんだ

④ ぽてと

⑤ わなげ

POINTは
ココだよ！

「゛」と 「゜」の いちに きを つけて かこう。

5

2つの ことばの なかから、えに あう ほうを えらんで、
〇で かこみましょう。

① 　かば　♥　かぱ

② 　ふだ　♥　ぶた

③ 　ぼうし　♥　ばうし

POINTは ココだよ！　「゜」の つく ひらがなは、「ぱ・ぴ・ぷ・ぺ・ぽ」だけだね。

6

したの ことばに 「゛」や 「゜」を つけて、
えに あう ことばを （ ）に かきましょう。

① 　へび

② 　たんほほ

③ 　へんきん

①（　　　　　）　②（　　　　　）　③（　　　　　）

POINTは ココだよ！　③は 「゛」と 「゜」が ひとつずつ つくよ。

Japanese

ひらがなの よみ かき③

7
こくご

ちいさく かく じ・のばす おん
したの えに ある ものの なまえを、
えんぴつで なぞりましょう。
●に あわせて てを たたきながら よみましょう。

① じゃんけん

② ぐう　③ ちょき　④ ぱあ

⑤ びすけっと

POINTは
ココだよ！

ちいさい 「っ」「ゃ」「ょ」に きを つけて かこう。

Japanese

8 2つの ことばの なかから、えに あう ほうを えらんで、
〇で かこみましょう。

 ① 　おうさま　　♥　　おおさま

 ② 　おつとせい　♥　　おっとせい

 ③ 　たっきゅう　♥　　たつきゆう

  POINTは ココだよ！　つまる ところは ちいさく かく ことに ちゅういしよう。

9 れいの ように、まちがって いる じに ×を つけ、
したに ただしい じを かきましょう。

れい　こうてえで あそぶ。
　　　　　　　い

 ①
かきごうりを

たべる。

 ②
せんせえに

しつもんする。

 ③
ぞおきんで

ふく。

 POINTは ココだよ！　②「え」と よむけど 「い」と かく じが あるよ。

ぶんを つくろう

10 こくご

「なにが」「どう する」の ぶん
したの えの ようすを あらわす、
「なにが」「どう する」の ぶんを
えんぴつで なぞりましょう。

① 　なにが　　　　　どう する
　こどもが　わらう。

② 　　　なにが　　　　　どう する
　ともだちが　はしる。

③ 　なにが　　　　　　　　どう する
　わたしが　ほんを　よむ。

**POINTは
ココだよ!**　ぶんの おわりには 「。」を つけるよ。

つぎの　ぶんの　ことばの　なかから
「なにが」に　あたる　ものを　〇で　かこみましょう。

1 つばめが　そらを　とぶ。

2 やねを　ねこが　あるく。

3 かわが　さらさら　ながれる。

4 さむさで　てが　ふるえる。

POINTは
ココだよ！　「なにが」の　「が」に　ちゅうもくすると　いいよ。

つぎの　えに　あう　ことばを　えらんで、せんで
つなぎましょう。

1

ぼくが

2

いぬが

3
こおりが

❤　　　　　　　❤　　　　　　　❤

❤　　　　　　　❤　　　　　　　❤

とける

たべる

ほえる

POINTは
ココだよ！　せんで　つないだら、できた　ぶんを　よんで　みよう。

Japanese

13 こくご

「は」「を」「へ」の つかいかた
「は」「を」「へ」に きを つけて、
ぶんを えんぴつで なぞりましょう。

● ① わたしは でかける。

● ② おかしを かう。

● ③ あるいて えきへ いく。

● ④ とけいを みる。

POINTは
ココだよ！
③「へ」は、ばしょや ほうこうの あとに つくよ。

026

Japanese

14 つぎの　かいわに　あうように、（　）の　なかから
ただしい　ほうを　えらんで、〇で　かこみましょう。

みずき　この　まんが（　は　・　わ　）おもしろい？

つかさ　うん。たくさんの　どうぶつ（　を　・　お　）
たすける　おはなしだよ。

みずき　（　へ　・　え　）が　とても　かわいいね。
よんで　みたいな。

 POINTは
ココだよ！　ことばと　ことばを　つなげる　ときに、「は」「を」「へ」を　つかうよ。

15 「は」「を」「へ」の　なかから、□に　あてはまる
ひらがなを　かきましょう。

〇がつ△にち

きょう、　かぞくで　ゆうえんち　□　いったよ。

わたし　□　かんらんしゃに　のって、

そのあと　おべんとう　□　たべたよ。

 POINTは
ココだよ！　ぜんぶ　かけたら、よみかたに　きを　つけて　よんで　みよう。

16
こくご

「まる」「てん」「かぎ」の　つかいかた

したの　えにっきから　まる(。)　てん(、)　かぎ(「　」)を
みつけて、〇で　かこみましょう。

きょう、かぞくで

おはなみにいきました。

さくらがまんかいで、

とてもきれいでした。

おとうさんは、

「らいねんも、おはなみが

できたらいいね。」

といいました。

POINTは
ココだよ!

はなした　ことばの　まえと　うしろに　かぎが　つくよ。

17 こくご

ふたりの　うち、まる（。）や　てん（、）を
ただしく　つかって　いる　ひとに　○を　つけましょう。

❶ （　　） りん ＜ わたしは。あさ　しちじに　おきるよ。

　　（　　） みく ＜ わたしは、あさ　しちじに　おきるよ。

❷ （　　） れあ ＜ こうえんの　すなばで　あそびたいな。

　　（　　） いと ＜ こうえんの　すなばで　あそびたいな、

❸ （　　） くるみ ＜ かだんに　きれいな、おはなが　さいたよ。

　　（　　） みれい ＜ かだんに、きれいな　おはなが　さいたよ。

POINTは
ココだよ！ 「、」は　ぶんの　とちゅう、「。」は　ぶんの　おわりに　つくよ。

18 こくご

れいの　ように、ぶんの　かぎ（「　」）を　つける
ところに　せんを　ひきましょう。

れい　｜ まいあさ　ともだちに　おはよう。と　いう。

❶ せんせいに　よばれ　はい。と　こたえる。

❷ おもわず　あはは。と　わらって　しまった。

❸ いもうとに　なにが　たべたい？と　きいて　みる。

POINTは
ココだよ！ こえに　だして　いる、「はなしことば」を　さがして　みよう。

Japanese

いろいろな かたかなの ことば

えに ある ものの なまえを、
えんぴつで なぞりましょう。
●に あわせて てを たたきながら よみましょう。

① ● ● ● ●
オ ム レ ツ

② ● ● ●
ミ ル ク

③ ● ● ● ● ●
プ レ ゼ ン ト

④ ● ● ●
リ ボ ン

⑤ ● ● ● ● ●
バ イ オ リ ン

⑥ ● ● ●
ピ ア ノ

 POINTは
ココだよ!

「ツ」の さいごは したむきに、「ン」の さいごは うえむきに はらうよ。

20 うえは ひらがなで、したは かたかなで かいた ことばです。
おなじ ことばを せんで つなぎましょう。

①  こあら

② 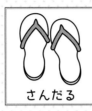 さんだる

③  えくれあ

④  みしん

♥ ♥ ♥ ♥

♥ ♥ ♥ ♥

| サンダル | ミシン | コアラ | エクレア |

POINTは ココだよ! かたちの にて いる かたかなに きを つけよう。

21 えに あう ことばを かいて しりとりを
かんせいさせましょう。うすい じは なぞりましょう。

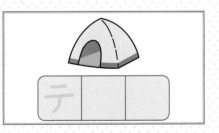 テ□□

 ト□□□

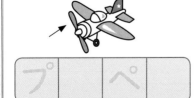 プ□ペ□

 ラ□オ

POINTは ココだよ! つぎの ことばの はじめの もじを ヒントに すると いいよ。

22 こくご

ちいさく かく じ・のばす おん

えに ある ものの なまえを、
えんぴつで なぞりましょう。
●に あわせて てを たたきながら よみましょう。

① パジャマ

② ベッド

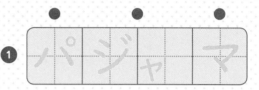

③ スカート

④ ポケット

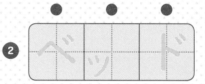

⑤ チョコレート

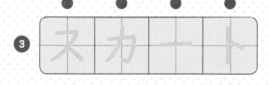

⑥ ジュース

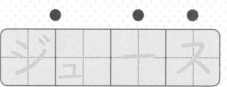

POINTは ココだよ！　③⑤⑥かたかなの のばす おんは「ー」と かくよ。

032

23

2つの ことばの なかから、えに あう ほうを えらんで、
〇で かこみましょう。

① ┃ ホツトケエキ ┃ ❤ ┃ ホツトケーキ ┃

②  ┃ キャベツ ┃ ❤ ┃ キヤベッ ┃

③  ┃ チューハン ┃ ❤ ┃ チャーハン ┃

POINTは
ココだよ!
②どの かたかなを ちいさく かくのか、かんがえよう。

24

れいの ように まちがって いる じに ×を つけ、
したに ただしい じを かきましょう。

れい フル~ツ

①

コンピョーター
_____

②

クッキイ
_____

③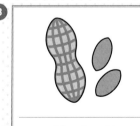

ビーナッツ
_____

POINTは
ココだよ!
①③こえに だして よんで みよう。

Japanese

25 こくご

つぎの かん字を なぞりましょう。

かずを あらわす かん字

① ひと
一つ

② ふた
二つ

③ みっ
三つ

> 一ばん 下の せんが 一ばん ながいよ。

④ よっ
四つ

⑤ いつ
五つ

⑥ むっ
六つ

⑦  なな
七つ

⑧ やっ
八つ

> さいごは はらうよ！

⑨ ここの
九つ

⑩ とお
十

POINTは
ココだよ！

「四」「七」「九」は、まげる ところを しっかり まげよう。

26

つぎの　かいわに　あう　＿＿の　かん字の　よみを、
（　）の　中から　えらんで　○で　かこみましょう。

おとは　いとちゃんは　なん人　かぞく？

いと　四（　し　・　よ　）人だよ。三（　さん　・　ご　）年生の
おねえちゃんが　いるよ。

おとは　わたしも　十（　じっ　・　じゅう　）月に
九（　く　・　きゅう　）さいに　なる　おねえちゃんが　いるんだ。

いと　おとはちゃんの　おうちには、かわいい　ねこも
二（　ふた　・　に　）ひき　いるよね。

 POINTはココだよ！　かん字の　うしろの　ことばで　よみかたが　かわるよ！

27

なにが　いくつ　ありますか。
□に　かん字で　かきましょう。

❶ 　　ノートが　□　さつ。

❷ 　　車が　□　だい。

❸ 　　えんぴつが　□　本。

 **POINTはココだよ！**　それぞれの　かずを、こえに　出して　かぞえて　みよう。

28 こくご

つぎの えや しるしから できた かん字を なぞりましょう。

えや しるしから できた かん字

① → → かい 貝　　② → → やま 山

③ → → あめ 雨　　④ → 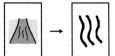 → かわ 川

てんの むきに ちゅういしよう！

⑤ → → た 田　　⑥ → → たけ 竹

さいごは はねるよ！

⑦ → → うえ 上　　⑧ → → なか 中

たての せんを 一ばん はじめに かくよ！

⑨ → → した 下　　⑩ → → くち 口

POINTは ココだよ！ なんども かいて かん字の かたちを おぼえよう。

036

29

つぎの えや しるしと、その えや しるしから
できた かん字を せんで つなぎましょう。

1 → 臼 ❤   ❤ ○ 口

2 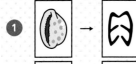 → 上 ❤   ❤ ○ 上

3  → 口 ❤   ❤ ○ 竹

4 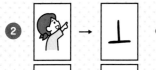 → 竹 ❤   ❤ ○ 貝

POINTは ココだよ!  左の えや しるしは、なにを あらわして いるのかな。

30

つぎの おはなしの ①〜⑤を かん字に なおして、
下の ......に かきましょう。

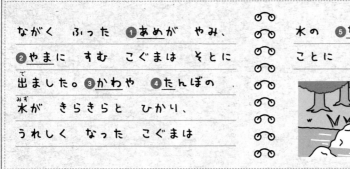 ながく ふった ①あめが やみ、
②やまに すむ こぐまは そとに
出ました。③かわや ④たんぼの
水が きらきらと ひかり、
うれしく なった こぐまは

 水の ⑤なかで あそぶ
ことに しました。

① ......　② ......　③ ......　④ ......　⑤ ......

POINTは ココだよ! ①③とめ、はね、はらいに 気を つけて かこう。

こくごの
おべんきょう
11

いろいろな　ことば

31
こくご

まとめて　よぶ　ことば

つぎの　まとまりの　中^{なか}に、一^{ひと}つだけ　ちがう
しゅるいの　カードが　あります。
ちがう　しゅるいの　カードを　〇で　かこみましょう。

❶

りんご	パイナップル	ぶどう

にんじん	バナナ

❷

カスタネット	リコーダー	とけい

たいこ	ハンドベル

POINTは
ココだよ！
①は「くだもの」、②は「がっき」の　まとまりだね。

Japanese

32
こくご

◯◯　の　ものを　まとめて　よぶ　ことばを、
◯◯　から　えらんで　（　）に　かきましょう。

❶ （　　　　　　　　　　）　| せみ　　あり　　ちょう　　とんぼ

❷ （　　　　　　　　　　）　| 赤^{あか}　青^{あお}　白^{しろ}　くろ

❸ （　　　　　　　　　　）　| 一^{いち}　二^に　三^{さん}　四^し

こんちゅう　　かず　　やさい　　いろ

POINTは
ココだよ！　◯◯の　中^{なか}の　ことばを　ヒントに　かんがえよう。

33
こくご

えに　あう　ことばを　かきましょう。
うすい　字^じは　なぞりましょう。

| まとめて　よぶ　ことば　花^{はな} | | まとめて　よぶ　ことば　とり |

❶  さ

❷ ば

❸ ゆ

❹  つ

❺ は

❻ お

POINTは
ココだよ！　❻人^{ひと}の　こえを　まねするのが　とくいな　とりだよ。

日づけと　よう日

34
こくご

つぎの　日づけと　よう日の　かん字を　なぞりましょう。

日づけの　かん字

① いち　がつ　ついたち
一　月　一　日

② さん　がつ　みっ　か
三　月　三　日

③ しち　がつ　なの　か
七　月　七　日

よう日の　かん字

じかんわりひょう

	げつ 月	か 火	すい 水	もく 木	きん 金
1	こくご	さんすう	せいかつ	さんすう	こくご

POINTは
ココだよ！

①「一日」は、日づけを　いう　ときは「ついたち」と　よむよ。

35 つぎの　＿＿の　かん字の　よみを、
（　）の　中から　えらんで　〇で　かこみましょう。

あおい　しんがっきは
四月四日（　よんにち　・　よっか　）からだよね？

りく　あれ？　四月五日（　いつか　・　いつつか　）
じゃなかった？

あおい　あ、まちがえちゃった。それなら、はるやすみは、
十日（　とおか　・　とうか　）あるんだね。

POINTは
ココだよ！　日づけは　とくべつな　よみが　おおいので、しっかり　おぼえよう。

36 カレンダーの　❶～❸に　あてはまる　よう日を、
かん字で　かきましょう。

			6月			
日	月	❶	水	❷	金	❸
1	2	3	4	5	6	7
8	9	10	11	12	13	14

❶ □　よう日　　❷ □　よう日　　❸ □　よう日

POINTは
ココだよ！　とめ、はね、はらいに　気を　つけて、ていねいに　かこう。

37 こくご　つぎの　にて　いる　かん字を　なぞりましょう。

にて　いる　かん字

①

ひと
人 が　いえに　入 る。　はい

「人」は　左の　はらいから　かくよ。

②

おお
大 きな　犬 。　いぬ

「ノ」は　つき出ないよ。

③

みぎ
右 手で　石 を　ひろう。　いし

「王」に　てんを　つけたら、「玉」だよ。

④

おう
王 さまの　玉 あそび。　たま

「休」は　左がわが　「イ」だね。

⑤

はやし
林 で　休 む。　やす

POINTは ココだよ！ かきじゅんにも　気を　つけて　かこう。

38 つぎの かいわに あう ___ の かん字の よみを、
（ ）の 中から えらんで 〇で かこみましょう。

> みさき 見て。きらきら ひかる 小石（ せき ・ いし ）だよ。

> なのは きれい。王（ おう ・ おお ）女さまが もって いる
> ほうせきみたい。どこで 見つけたの？

> みさき かい犬（ いぬ ・ ねこ ）の さんぽ中に、学校の うらの
> 林（ もり ・ はやし ）で 見つけたんだ。

> なのは そうなんだ。こんど いっしょに いって、もっと
> 大（ だい ・ おお ）きな 石を 見つけようよ！

POINTは ココだよ！ どちらが 正しいか、りょうほうの よみを あてはめて よんでみよう。

39 つぎの 日きの ❶〜❺を かん字に なおして、
下の ……に かきましょう。

> ◯月△日
>
> きょうは うんどうかい。❶たま❷いれの あと、
> つかれて ❸やすんで いると、「さなちゃん。」と
> ❹みぎかたを トントンされた。
> ふりむくと おばあちゃんが いた。
> だいすきな ❺ひとが きて くれて、とても うれしかった。

❶　　　❷　　　❸　　　❹　　　❺

………………　　………………　　………………　　………………　　………………

POINTは ココだよ！ ❷❺二かく目を かきはじめる いちに 気を つけよう。

40
こくご

なかまに　わけた　つぎの　かん字を　なぞりましょう。

しぜんの　なかまの　かん字

1.  ゆう　夕　やけの　そら　空。

「乚」は　まげて　とめるよ。

2.  もり　森　に　さく　はな　花。

3.  くさ　草　むらに　すむ　むし　虫。

からだの　なかまの　かん字

4. め　目

5. みみ　耳

「一」は　つき出すよ。

6. あし　足

7. て　手

POINTは
ココだよ！

 なかまの　かん字は　まとめて　おぼえよう！

41 こくご

つぎの　かいわに　あう　＿＿の　かん字の　よみを、
（　）の　中から　えらんで　〇で　かこみましょう。

> もも　きのうの　夕（　ゆう　・　あさ　）がた、お見まいの
> お手（　て　・　しゅ　）がみを　とどけて　くれて　ありがとう。

> ひまり　気に　しないで！足（　あし　・　うで　）の　ぐあいは　どう？

> もも　きのうまでは　いたかったんだけど、けさ
> 目（　もく　・　め　）ざめたら、すっかり　よく　なって　いたよ。

> ひまり　そっか！元気に　なって、本とうに　よかった！

 POINTは
ココだよ！　ももさんの　いって　いる　「けさ」とは、「きょうの　あさ」の　ことだよ。

42 こくご

つぎの　日きの　❶〜❻を　かん字に　なおして、
下の　.......に　かきましょう。

〇月△日

おばあちゃんの　すむ　まちには、「ふしぎの　❶もり」が
あるらしい。そこでしか　見られない　❷くさ❸ばなが
さいて　いて、❹みみを　すますと　いろんな　❺むしの
こえも　きこえるみたい。
そこで　❻そら　いっぱいの　ほしも　見て　みたいな。

❶　　　　　❷　　　　　❸　　　　　❹　　　　　❺　　　　　❻

 POINTは
ココだよ！　②と　③は、かん字の　上の　ぶぶんが　おなじだね。

Japanese

43
こくご

なかまに　わけた　つぎの　かん字を　なぞりましょう。

人の　なかまの　かん字

① おとこ
男

② おんな
女

③ こ
子

すこし　まるみを　つけて　かくよ。

うごきの　なかまの　かん字

④  み
見　る

⑤  で
出　る

⑥ た
立　つ

学校の　なかまの　かん字

⑦  な
名　まえ

三・四かく目は　はらうよ。

⑧  がっ　こう
学　校

三つの　「、」の　むきに
気を　つけよう！

⑨ ぶん
文　しょう

POINTは
ココだよ！
②「女」は　かたちに　ちゅういして　かこう。

つぎの　かいわに　あう　＿＿の　かん字の　よみを、
（　）の　中_{なか}から　えらんで　○で　かこみましょう。

すみれ：大_{おお}きな　にじが　出_{（ かかっ ・ で ）}て　いるよ！

ひなの：本_{ほん}とうだ！　大きいね。
ほら、校（ こう ・ えん ）しゃの　中に　いる　人_{ひと}たちも
まどの　ところに　立（ た ・ あつま ）って　いるね。

すみれ：みんな　見（ み ・ め ）とれて　いるみたい！
この　かんどうを、さく文（ もん ・ ぶん ）に
かいて　みようかな。

POINTは
ココだよ！

いみは　とおるけど、まちがえて　いる　よみに　気_きを　つけてね。

つぎの　ぶんしょうの　❶〜❺を　かん字に　なおして、
下_{した}の　……に　かきましょう。

わたしの　クラスには　❶おとこの❷こが　十三人_{じゅうさんにん}、
❸おんなのこが　十五人_ご　います。
入_{にゅう}❹がくして　すぐは、❺なまえも　しらない
クラスメイト　ばかりでしたが、
いまでは　みんなが　なかよしの　ともだちです。

❶　　　　❷　　　　❸　　　　❹　　　　❺

……………………………………………………………………

POINTは
ココだよ！

「クラスメイト」とは、おなじ　クラスの　じどうの　ことだよ。

46
こくご

むかしばなし 「うらしまたろう」の　つぎの　ばめんを
よんで　みましょう。

　「なに、わけはございません。わたくしの背中（せなか）におのりください」
　かめはこういって、背中（せなか）を出（だ）しました。浦島（うらしま）は半分（はんぶん）きみわるくお
もいながら、いわれるままに、かめの背中（せなか）にのりました。
　かめはすぐに白い波（しろ　なみ）を切（き）って、ずんずんおよいで行（い）きました。ざ
あざあいう波の音（なみ　おと）がだんだん遠（とお）くなって、青い青い水（あお　あお　みず）の底（そこ）へ、ただ
もう夢（ゆめ）のようにはこばれて行（い）きますと、ふと、そこらがかっとあか
るくなって、白玉（しらたま）のようにきれいな砂（すな）の道（みち）がつづいて、むこうにりっ
ぱな門が見（もん　み）えました。その奥（おく）にきらきら光（ひか）って、目（め）のくらむような
金銀（きんぎん）＊のいらかが、たかくそびえていました。
　「さあ、りゅう宮（ぐう）へまいりました」

＊いらか…やねの上（うえ）のぶぶん。　　　　　　　　　（楠山正雄（くすやままさお）「浦島太郎（うらしまたろう）」より）

LET'S STUDY

Mathematics

~さんすうの　おべんきょう~

もくじ

10までの　かず

10までの　かず

かずを　かぞえて　すうじで　かきましょう。
なぞった　あとに　もう　いちど　かきましょう。

かえる	3		はな	8	
さかな	5		つくし	7	
あひる	1		すずめ	2	

POINTは
ココだよ！

おなじ　なかまを　みつけて　かこんで　みよう。

Mathematics

2 さんすう おなじ かずを せんで つなぎましょう。

 ① 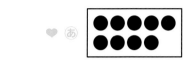 あ 4

 ② 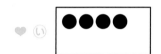 い 6

 ③  う 9

 POINTは ココだよ! かずを こえに だして いって みよう。

3 さんすう おおきい ほうの かずに ○を つけましょう。

① 2 4
( ) ( )

② 8 6
( ) ( )

③ 10 7
( ) ( )

④ 1 3
( ) ( )

 POINTは ココだよ! わからない ときは おなじ かずだけ ●を かこう。

なんばんめ

Mathematics

4 さんすう

なんばんめ

えを　みて　つぎの　もんだいに　こたえましょう。

ひだり　　　　　　　　　　　　　　　　　　　　　　　　　　みぎ

ねこ　　ぱんだ　　　らいおん　　うさぎ　いぬ　　うま　　とら

① （いぬ）は　みぎから　| 3 |ばんめです。

② （ぱんだ）は　ひだりから　|　　|ばんめです。

③ みぎから　5ばんめは　| らいおん |です。

④ ひだりから　6ばんめは　|　　　　|です。

POINTは
ココだよ！

じゅんに　かぞえよう。

052

5 **さんすう**　〇で　かこみましょう。

① みぎから　5ばんめ

② ひだりから　6にん

POINTは
ココだよ！　②は　「ひだりから　6ばんめ」と　まちがえないように　しよう。

6 **さんすう**　えを　みて　こたえましょう。

うしろ

ひなた

はるき

みお

りく

めい

まえ

① りくさんは　まえから

□ばんめです。

② うしろから　3ばんめは

□さんです。

ひんと

① まえから　じゅんに　かぞえて
いこう。りくさんは　なんばんめかな。

POINTは
ココだよ！　「まえから」と　「うしろから」を　つかって
ほかの　ひとの　いちも　せつめいしよう。

こたえ7ページ　**053**

いくつと　いくつ

いくつと　いくつ

あめが　6こ　あります。
はるとさんと　えまさんの
ふたりで　わけます。
6は　いくつと　いくつに
なりますか。

① 6は　5と　□1　です。

② 6は　4と　□　です。

③ 6は　3と　□　です。

④ 6は　2と　□　です。

⑤ 6は　1と　□　です。

POINTは
ココだよ!

6の　わけかたは　たくさん　あるよ。

054

8 さんすう

□に　あてはまる　かずを　かきましょう。

① 7は　5と　□

② 7は　□と　4

③ 8は　3と　□

④ 8は　□と　4

⑤ 9は　7と　□

⑥ 9は　□と　3

⑦ 10は　8と　□

⑧ 10は　□と　3

POINTは ココだよ！  わからない　ときは　おなじ　かずだけ　●を　かこう。

9 さんすう

はなの　かずを　かぞえて　かずを　かきましょう。

① （　　　）ぼん

②  （　　　）ほん

③ （　　　）ほん

④ （　　　）ほん

POINTは ココだよ！ なにも　ない　ときは　0ほんだよ。

Mathematics

たしざん①

あわせて　いくつ・ふえると　いくつ

えを　みて　つぎの　もんだいに　こたえましょう。

① いぬは　あわせて　なんびきですか。

あわせて　7 ひき

② きんぎょが　5 ひき　います。
　2 ひき　ふえると　なんびきに　なりますか。

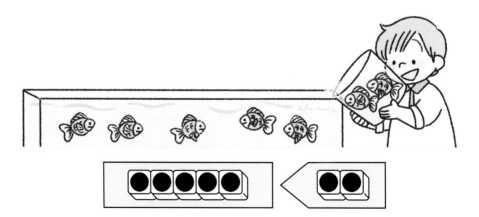

2 ひき　ふえると　☐ ひき

 POINTは
ココだよ！　ぶろっくを　みて　かんがえよう。

たしざん

□に あてはまる しきや かずを かきましょう。

① あわせて いくつですか。

しき 5+1= こたえ □ こ

② 6にん ふえると なんにんに なりますか。

しき □ こたえ □ にん

 「+」を つかって しきを かこう。

けいさんを しましょう。

① 1+2= □

② 2+3= □

③ 4+3= □

④ 7+1= □

⑤ 6+3= □

⑥ 4+2= □

⑦ 9+1= □

⑧ 5+5= □

ひんと

①

1 + 2

②

2 + 3

 なんかいも れんしゅうしよう。

ひきざん①

のこりは いくつ・ちがいは いくつ

えを みて つぎの もんだいに こたえましょう。

1 7にんで あそんで います。

4にん かえると のこりは なんにんですか。

4にん かえると のこりは ┃ 3 ┃にん

2 かずの ちがいは なんわですか。

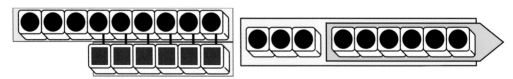

 と の かずの ちがいは ┃ ┃わ

ひきざん

□に　あてはまる　しきや　かずを　かきましょう。

① 5こ　たべると　のこりは　なんこですか。

しき　8−5＝　　　　　　　　こたえ □こ

② りんごの　ほうが　なんこ　おおいですか。

 りんご 　みかん

しき □　　　　　　　　こたえ □こ　おおい

POINTは
ココだよ!
「−」を　つかって　しきを　かこう。

けいさんを　しましょう。

① 7−2＝□ 　　　② 5−1＝□

③ 9−8＝□ 　　　④ 4−2＝□

⑤ 7−4＝□ 　　　⑥ 9−6＝□

⑦ 6−2＝□ 　　　⑧ 10−3＝□

ひんと

①

7　−　2

②

5　−　1

POINTは
ココだよ!
なんかいも　れんしゅうしよう。

Mathematics

10より おおきい かず①

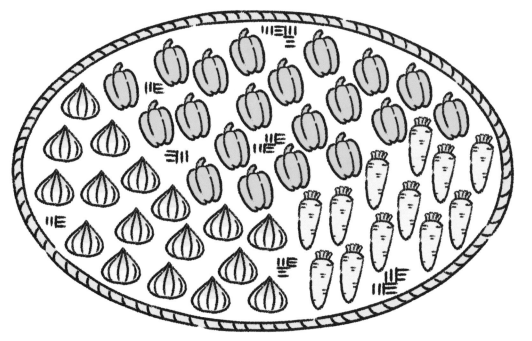

16
さんすう

10より おおきい かず
えを みて かずを こたえましょう。

にんじん 「12」ほん

たまねぎ □こ

ぴいまん □こ

ひんと

10この まとまりを
つくると かぞえやすいよ。

にんじんは 10ぽんと 2ほん あるね。

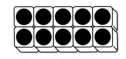 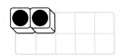

17 さんすう ◻ に あてはまる かずを かきましょう。

① 10 と 6 で ◻

② 10 と ◻ で 19

③ 15 は ◻ と 5

④ 20 は 10 と ◻

⑤ 13 / 10 / ◻

⑥ ◻ / 10 / 1

POINTは ココだよ! 10と いくつに わけられるかな。

18 さんすう かずの せんを みて こたえましょう。

0 1 2 3 4 5 6 7 8 9 10 11 12 13 14 15 16 17 18 19 20

① 14 と 13 は どちらが おおきいですか。 ◻

② 19 と 20 は どちらが ちいさいですか。 ◻

③ 12 より 5 おおきい かずは いくつですか。 ◻

④ 18 より 3 ちいさい かずは いくつですか。 ◻

POINTは ココだよ! かずの せんを つかって かずを くらべて みよう。

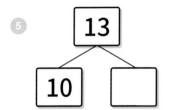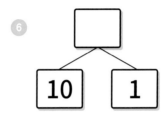

10より おおきい かず②

たしざんと ひきざん

つぎの もんだいに こたえましょう。

① えんぴつは あわせて なんぼんですか。

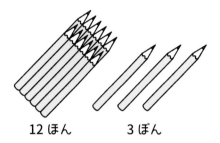

12 ほん　　3 ぼん

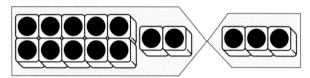

しき $12+3=$ 　　　こたえ ☐ ほん

② ぱんが 15まい あります。

4まい たべると、なんまい のこりますか。

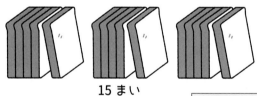

15 まい

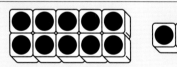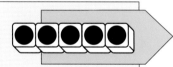

しき $15-4=$ 　　　こたえ ☐ まい

POINTは
ココだよ！

たしざんかな？ ひきざんかな？

Mathematics

20 さんすう

□に　あてはまる　しきや　かずを　かきましょう。

① 　11ぽん　　5ほん　　あわせて　なんぼんですか。

しき [　　　　　　　]　　　　　こたえ [　　] ほん

② 　16ひき　　3びき　さんぽに　いきました。

のこりは　なんびきですか。

しき [　　　　　　　]　　　　　こたえ [　　] びき

 POINTは ココだよ!　たしざんに　なるか　ひきざんに　なるかを　かんがえよう。

21 さんすう

けいさんを　しましょう。

① 10＋2＝ [　　]　　② 10＋5＝ [　　]

ひんと
③ 12 は
10 と　いくつかな。
⑦ 16 は
10 と　いくつかな。

③ 12＋4＝ [　　]　　④ 16＋2＝ [　　]

⑤ 17－7＝ [　　]　　⑥ 13－3＝ [　　]

⑦ 16－2＝ [　　]　　⑧ 19－8＝ [　　]

 POINTは ココだよ!　なんかいも　れんしゅうしよう。

ながさくらべ・かさくらべ

22
さんすう

ながさくらべ

めありさんは いろいろな
ものの ながさを
くらべて います。
つぎの もんだいに
こたえましょう。

① かみの たてと よこの ながさを くらべました。
ながい ほうに 〇を つけましょう。

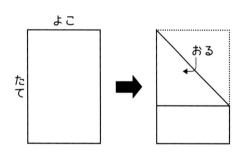

たて （　　　）

よこ （　　　）

② ぶんぼうぐの ながさを くらべました。
ながい じゅんに きごうを かきましょう。

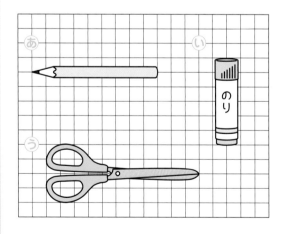

ひんと

あ、い、う は それぞれ
めもり いくつぶんかな。

（　　　）→（　　　）→（　　　）

はしを そろえたり、めもりを かぞえたり して
ながさを くらべよう。

かさくらべ

おなじ　おおきさの　こっぷに　みずを　いれて
かさを　くらべました。みずが　おおく　はいって
いるのは、ぁと　ぃの　どちらですか。

① ぁ ぃ

こたえ ☐

② ぁ 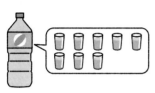 ぃ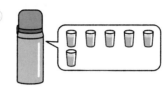

こたえ ☐

 POINTは
ココだよ!　　②は　こっぷ　なんばいぶんの　みずが　はいるか　かぞえよう。

ぁと　ぃの　はこは、どちらが　おおきいですか。

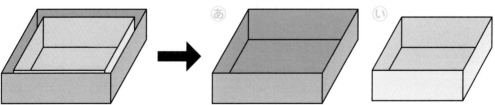

ひんと

ぁの　はこに　ぃの　はこが　はいって　いるね。
どちらの　はこが　おおきいかな。

こたえ ☐

 POINTは
ココだよ!　　2つの　はこを　かさねた　えから　かんがえよう。

３つの かずの けいさん

25
さんすう

３つの かずの けいさん

つぎの もんだいに こたえましょう。

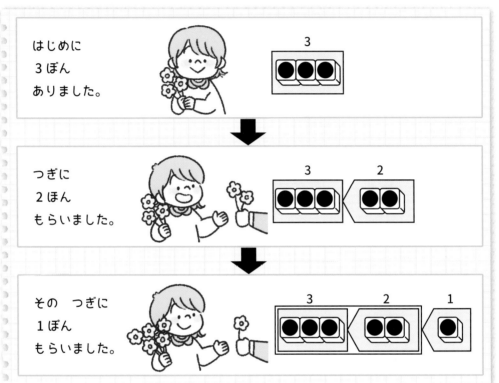

はじめに
３ぼん
ありました。

つぎに
２ほん
もらいました。

その つぎに
１ぽん
もらいました。

なんぼんに なりましたか。
３つの かずの けいさんを １つの しきに
かいて こたえましょう。

しき　3+2+1＝　　　　　　こたえ □ ほん

26 さんすう　　3つの　かずの　けいさんを　1つの　しきに
かいて　こたえましょう。

| はじめに　7こ　ありました。 | 1こ　たべました。 | 2こ　たべました。 |

いちごは　なんこに　なりましたか。

しき　7−□−□＝□　　　　　こたえ　□こ

POINTは
ココだよ!　1こ　たべてから　2こ　たべるから、2かい　ひきざんを　するね。

27 さんすう　　けいさんを　しましょう。

① 6+4+8＝□　　　　② 10−4−5＝□

③ 5−2+7＝□　　　　④ 15−5+6＝□

⑤ 7+2−6＝□

⑥ 10+8−4＝□

ひんと

⑤ 7+2−6
　　　9
　　　↓
　　　?

⑥ 10+8−4
　　　18
　　　↓
　　　?

POINTは
ココだよ!　まえから　じゅんに　けいさんを　しよう。

Mathematics

たしざん②

28
さんすう

くりあがりの　ある　たしざん

けえきが　8こと、どうなつが　6こ　あります。
あわせて　なんこですか。

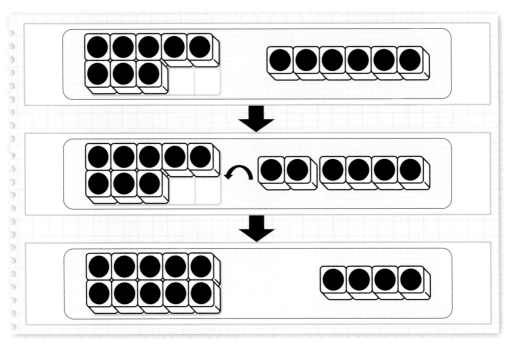

しき　8+6＝　　　　　　こたえ □ こ

かえるが 4 ひき います。
7 ひき きたら、ぜんぶで なんびきですか。

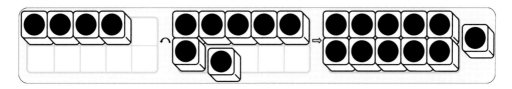

しき [　　　　　　　　　]　　　こたえ [　　] びき

POINTは
ココだよ! 10の まとまりを つくったら、あと なんびきかな。

けいさんを しましょう。

① 8+5= [　　]

② 9+2= [　　]

> ひんと
> 10の まとまりを
> つくれば けいさん
> しやすいよ。

③ 6+6= [　　]

④ 5+8= [　　]

⑤ 7+9= [　　]

⑥ 4+8= [　　]

⑦ 5+0= [　　]

⑧ 0+9= [　　]

POINTは
ココだよ! かずに 0を たすと もとの かずに なるよ。

ひきざん②

31
さんすう

くりさがりの ある ひきざん

15にん います。
8にん いなくなると、 のこりは なんにんですか。

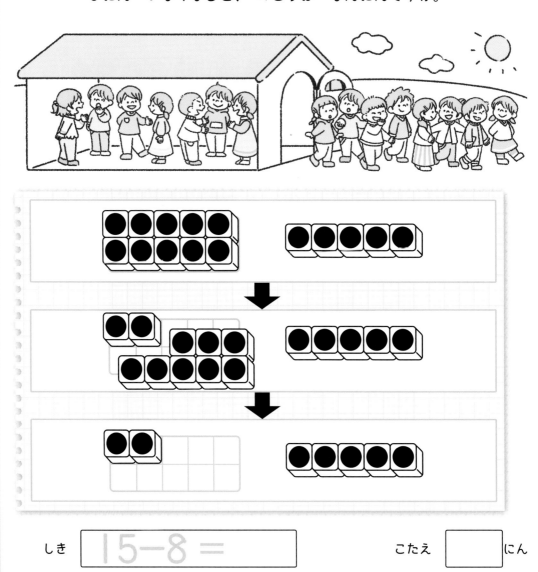

しき　15-8 ＝　　　　　　　　　　こたえ □ にん

POINTは
ココだよ！　　ぶろっくは　なんこ　のこるかな。

ばななが　13ぼん　あります。
4ほん　たべたら、　のこりは　なんぼんですか。

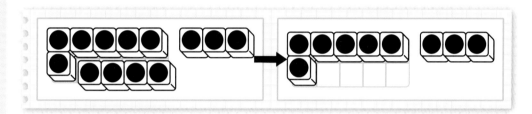

しき　[　　　　　　　　]　　　　　こたえ　[　　]ほん

POINTは
ココだよ!　10の　まとまりから、　4を　ひこう。

けいさんを　しましょう。

① 16−9=[　]　　② 12−7=[　]

③ 17−8=[　]　　④ 13−9=[　]

⑤ 11−2=[　]　　⑥ 12−4=[　]

⑦ 8−0=[　]　　⑧ 3−0=[　]

ひんと
① 16を　10と
いくつに　わけて
かんがえよう。

POINTは
ココだよ!　かずから　0を　ひくと　もとの　かずに　なるよ。

Mathematics

かたち

34 さんすう

いろいろな かたち

さくらさんは いろいろな
かたちを しらべて います。
つぎの もんだいに
こたえましょう。

① おなじ なかまの かたちを せんで つなぎましょう。

② うつしとった あとの かたちを せんで つなぎましょう。

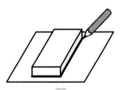　　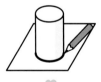　　　　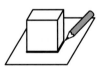

　POINTは
ココだよ!　みの まわりに ある ものの かたちを しらべて みよう。

35

 を なんまい つかうと できますか。
（　）に かずを かきましょう。

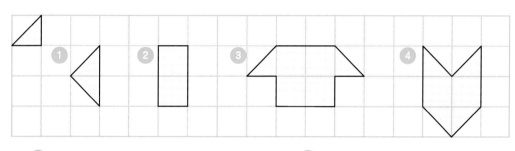

① （　　　）まい

② （　　　）まい

③ （　　　）まい

④ （　　　）まい

POINTは ココだよ！  の むきを かえて ならべて みよう。

36

ぼうを なんぼん つかうと できますか。
（　）に かずを かきましょう。

① ② ③

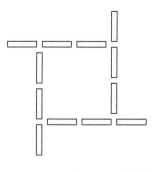

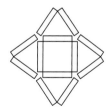

（　　　）ほん

（　　　）ほん

（　　　）ほん

POINTは ココだよ！ おなじ かずの ぼうでも いろいろな かたちが できるね。

大きい　かず

大きい　かず

つぎの　もんだいに　こたえましょう。

① クッキーは　ぜんぶで　なんこ　ありますか。
10の　まとまりを　かこんで　かぞえましょう。

（　　　　）こ

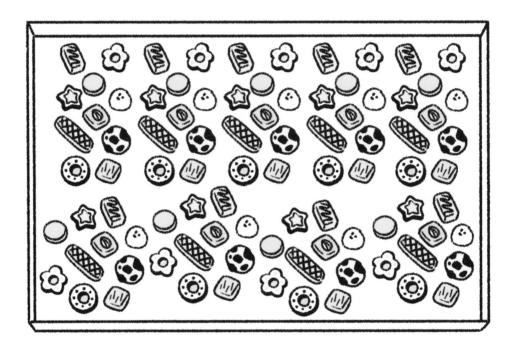

② 十のくらいが　7で　一のくらいが　4の　かずを
（　）の　中から　えらんで　〇で　かこみましょう。

（　40　・　47　・　70　・　74　）

③ ◯◯に　あてはまる　かずを　かきましょう。

10が　3つと　1が　9つで　□

10の　まとまりを　つくると　かぞえやすいよ。

つぎの もんだいに こたえましょう。

① かずの 大きい ほうに ○を つけましょう。

あ **84** **48**　　　い **99** **101**

（　　）　（　　）　　　　（　　）　（　　）

② □に あてはまる かずを かきましょう。

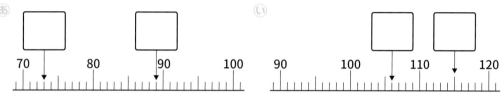

あ　□　　□

70　80　90　100

い　　　□　　□

90　100　110　120

POINTは ココだよ！　10が 10こで 100だよ。100は 99より 1 大きい かずだよ。

けいさんを しましょう。

1 20＋30＝□

2 100－90＝□

3 36＋3＝□

4 71＋8＝□

5 65＋2＝□

6 28－4＝□

7 96－5＝□

ヒント

1 ⑩⑩ ⑩⑩⑩

3 36＋3 / 30　6

6 28－4 / 20　8

8 57－2＝□

POINTは ココだよ！　⑦ 96は 90と 6に わけて かんがえよう。

さんすうの
おべんきょう
14

とけい

Mathematics

40 さんすう

なんじ・なんじはん・なんじなんぷん

とけいを　よみましょう。

1 なんじですか。なんじはんですか。

あ

□ じ

い

□ じはん

2 なんじなんぷんですか。

あ

7 じ 10 ぷん

い

□ じ □ ぷん

POINTは ココだよ！

みじかい　はりが　10と　11の　あいだの　ときは　10じなんぷんだよ。

さんすう 41

ながい はりを かきましょう。

① 4 じ

② 7 じはん

③ 11 じ

④ 12 じはん

POINTは ココだよ！ 「はん」は ながい はりが 6の ときで、30ぷんの ことだよ。

さんすう 42

ながい はりを かきましょう。

① 5 じ 4 ぷん

② 8 じ 35 ふん

③ 2 じ 12 ふん

④ 10 じ 59 ふん

POINTは ココだよ！ 小さい 1目もりが 1ぷんを あらわすよ。

かずしらべ
43
さんすう

かずを せいりして しらべましょう。

① それぞれの かずだけ いろを ぬりましょう。

はな										
はっぱ										
むし										
とり										

② いちばん おおい ものは どれですか。

POINTは
ココだよ！

左から いろを ぬろう。

ひろさしらべ

ひろい ほうに ○を つけましょう。

1

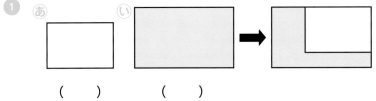

あ (　)　　い (　)

2

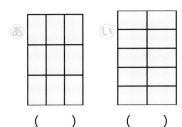

あ (　)　　い (　)

3

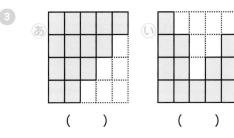

あ (　)　　い (　)

POINTは
ココだよ！　タイルの まいすうを かぞえて くらべよう。

ものの いち

えを 見て こたえましょう。

	上			
☀	♣	✚	■	♠
♪	☽	◆	＝	●
▲	♬	★	♥	―

左　　　　　　　下　　　　　　　右

1 下から 1ばん目、左から 4ばん目の えに ○を つけましょう。

2 ♣ の いちを あらわす ことばを ○で かこみましょう。

(上 ・ 下) から 3ばん目、

(右 ・ 左) から 2ばん目です。

POINTは
ココだよ！　見る ほうこうを まちがえないように きを つけよう。

Mathematics

かぞえかた

さんすう 46 ものの　かぞえかたを　おぼえよう！

	りんご		ペン	人	とけい		
			ペン	人（ひと）	とけい		
	いくつ	なんこ	なん本（ぽん）	なん人（にん）	なんじ	なんぷん	
1（いち）	1つ（ひと）	1こ（いっ）	1ぽん（いっ）	1人（ひとり）	1じ（いち）	1ぷん（いっ）	一（いち）
2（に）	2つ（ふた）	2こ（に）	2ほん（に）	2人（ふたり）	2じ（に）	2ふん（に）	二（に）
3（さん）	3つ（みっ）	3こ（さん）	3ぼん（さん）	3人（さんにん）	3じ（さん）	3ぷん（さん）	三（さん）
4（し（よん））	4つ（よっ）	4こ（よん）	4ほん（よん）	4人（よにん）	4じ（よ）	4ぷん（よん）	四（し（よん））
5（ご）	5つ（いつ）	5こ（ご）	5ほん（ご）	5人（ごにん）	5じ（ご）	5ふん（ご）	五（ご）
6（ろく）	6つ（むっ）	6こ（ろっ）	6ぽん（ろっ）／6ほん（ろく）	6人（ろくにん）	6じ（ろく）	6ぷん（ろっ）	六（ろく）
7（しち（なな））	7つ（なな）	7こ（なな）	7ほん（なな）	7人（ななにん）／7人（しちにん）	7じ（しち）	7ふん（なな）	七（しち（なな））
8（はち）	8つ（やっ）	8こ（はち）／8こ（はっ）	8ほん（はち）／8ほん（はっ）	8人（はちにん）	8じ（はち）	8ぷん（はち）／8ぷん（はっ）	八（はち）
9（く（きゅう））	9つ（ここの）	9こ（きゅう）	9ほん（きゅう）	9人（くにん）／9人（きゅうにん）	9じ（く）	9ふん（きゅう）	九（く（きゅう））
10（じゅう）	10（とお）	10こ（じっ）／10こ（じゅっ）	10ぽん（じっ）／10ぽん（じゅっ）	10人（じゅうにん）	10じ（じゅう）	10ぷん（じっ）／10ぷん（じゅっ）	十（じゅう）

 さんすうは　ココまで！　みの　まわりに　ある　ものを　かぞえてみよう。

Mathematics

LET'S STUDY

Living Environment Studies

～せいかつの　おべんきょう～

がっこうを たんけんしよう

やくそくを まもって いる ひとの えを
3つ えらんで、えの ◯ を えんぴつで なぞりましょう。

①

しゃべりながら
いどうする。

②

はしって
いどうする。

③

はじめに
あいさつを する。

④

さいごに
おれいを いう。

⑤

ききたい ことを
かんがえて おく。

⑥

ひとりで
こうどうする。

POINTは
ココだよ!

めいわくに ならないように たんけんしようね。

2 せいかつ

がっこうを　たんけんしました。どこの　ことを　はなして
いますか。□から　えらんで、（　）に　かきましょう。

りな

ぴあのが　あったよ。

さほ

ほんを　よみたいな。

りな　（　　　　　　　　）　　　さほ　（　　　　　　　　　）

としょしつ　　しょくいんしつ　　おんがくしつ　　ほけんしつ

POINTは
ココだよ！　なにが　あるかな。どんな　ものが　みつかるかな。

3 せいかつ

がっこうで　はたらく　ひとです。どんな　しごとを
して　いますか。なまえと　えを　せんで　つなぎましょう。

① ほけんしつの
せんせい

② きゅうしょくの
ちょうりいん

③ ぎじゅつ
さぎょういん

あ

い

う

え

POINTは
ココだよ！　こうちょうせんせいは　ちょうれいで　おはなしするよ。

Living Environment Studies

4
せいかつ

こうていを たんけんしよう

こうていには なにが ありますか。
[ ]の もじを なぞりましょう。

[しいくごや]

[いけ]

[かだん]

[すなば]

かだんには [はな]が さいて いました。

しいくごやには [うさぎ]が いました。

くさを たべて いる すがたが かわいかったです。

やすみじかんには [こうてい]で ともだちと あそびたいです。

POINTは
ココだよ！

こうていでは どんな ものが みられるかな。

5 こうていで　いきものを　みつけました。
えと　なまえを　せんで　つなぎましょう。

①

②

③

あ てんとうむし　　い だんごむし　　う ちょう

 POINTは ココだよ!　だんごむしは　おちばや　いしの　したに　いるよ。

6 こうていで　みつけた　ものの　なまえを
□から　えらんで、（　）に　かきましょう。

① みつけたよ

（　　　　　　）

② みつけたよ

（　　　　　　　　）

③ みつけたよ

（　　　　　　　　）

さくら　　すなば　　たんぽぽ　　ちゅうりっぷ　　てつぼう

POINTは ココだよ!　②と　③は、はなの　かたちで　みわけよう。

7
せいかつ

つうがくろを あるこう

あぶない ことを して いる ひとの えを
3つ えらんで、□に ×を かきましょう。

①

くるまなどが
きて いないか、
たしかめずに
とびだす。

②

てを あげて、
おうだんほどうを
わたる。

③

かさを ふりまわす。

④

しんごうが
てんめつしたら
わたらない。

⑤

どうろや はしから
かわを のぞきこむ。

⑥

しゃどうでは なく、
ほどうを あるく。

POINTは
ココだよ！

まわりに きを つけて つうがくしよう。

がっこうの まわりで みられる ひとや ものです。
ただしい ほうを えらんで、( )に ○を かきましょう。

① けいさつかん

 ⓐ

 ⓘ

( )　　　　（ ）

② どうろを わたる ばしょを
しらせる ひょうしき

 ⓐ

 ⓘ

横断禁止

( )　　　　（ ）

POINTは
ココだよ！ 2つの えを よく みくらべて みてね。

しらない ひとに こえを かけられたら どう しますか。
□に はいる もじを かきましょう。

① ついて □□ ない

② くるまに □ らない

③ □ おごえを だす

④ □ ぐに にげる

⑤ おとなに □ らせる

○がつ □にち △ようび

POINTは
ココだよ！  しらない ひとに ちかづいたり はなしを きいたり しては いけないよ。

はなを　そだてよう

10
せいかつ

はなを　そだてて　かんさつしよう

たねと　はなや　みを　ひょうに　まとめました。
あいて　いる　ところには、どちらかの　かあどが　はいります。
（　）に　はなの　なまえを　かきましょう。

	ひまわり	ふうせんかずら	あさがお
たね			
はなや　み			

①

（　　　　　　）の　たね

②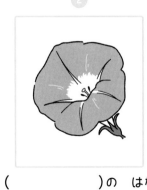

（　　　　　　）の　はな

POINTは
ココだよ！

はなに　よって、たねの　いろや　かたちが　ちがうよ。

Living Environment studies

 **せいかつ**

あさがおの たねまきや みずやりに ついて、
ただしい ことを いって いるのは だれですか。
（ ）に なまえを かきましょう。

> **ひろ**
> たねの おおきさと
> おなじぐらいの ふかさの
> あなに、たねを まくよ。

> **つばさ**
> つちが かわいて
> しまっても、みずを
> やらなくて いいよ。

> **みずき**
> ふかふかの つちに
> たねを まくよ。

（　　　　　　　）

POINTは ココだよ！ つちには ひりょうや ふようどを まぜると いいよ。

 せいかつ

かんさつにっきが よごれて ひづけが よめなく なりました。
□から ひづけを えらんで、（ ）に かきましょう。

① 5がつ ～～～

うえきばちに
たねを うえたよ。

② 5がつ ～～～
はっぱが おおきく
なったよ。

③ 5がつ ～～～

めが でて きたよ。
うれしいな。

（　　　　　） 　（　　　　　） 　（　　　　　）

11にち　　21にち　　30にち

 **POINTは ココだよ！** せいちょうの じゅんばんに ならべて みてね。

みんなで あそぼう

 13 せいかつ

やくそくを まもって あそぼう

やくそくを まもって いない ひとを
3にん えらんで、〇で かこみましょう。
[ ]の もじも なぞりましょう。

[かだん]に はいったり、はなや きなどを おったり

しては いけません。

じゅんばんを まもって、みんなで [なかよく] あそびましょう。

べんちや ゆうぐのように みんなで つかう ものは、

[たいせつに] しましょう。

 POINTは
ココだよ！   らんぼうな ひとは いないかな。

れいさんの えにっきです。れいさんが かいた えを
えらんで、（ ）に ○を かきましょう。

７がつ ２７にち どようび

（あ）

（　　）

きょうは じゅんさんと

くさずもうを しました。

あしたは かくれんぼを して

あそびたいな。

（い）

（　　）

POINTは
ココだよ！
ぶんしょうから きょう した ことを よみとろう。

ゆうぐで あそびます。
えと なまえを せんで つなぎましょう。

① 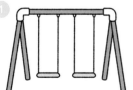　　② 　　③

（あ）　　　　　　　（い）　　　　　　　（う）

● のぼりぼう　　　● ぶらんこ　　　● うんてい

POINTは
ココだよ！
がっこうや こうえんには どんな ゆうぐが あるかな。

Living Environment Studies

えがお　ひろがれ

1日の　生かつを　ふりかえろう

あさから　よるまでの　じゅんばんに　なるように、
（　）に　すう字を　かきましょう。
［　］の　文字も　なぞりましょう。

① おはよう

（　　　　）

② おかえりなさい

（　　5　　）

③ いってきます

（　　　　）

④ いただきます

（　　　　）

⑤ ただいま

（　　　　）

⑥ おやすみなさい

（　　　　）

どんな　ときに　どんな　［あいさつ］を　しますか。

おもい出して　みましょう。

大きな　こえで　［げん気］に　あいさつを　すると、

気もちが　いいですね。

POINTは
ココだよ！

あさ　おきてからの　こうどうを　ふりかえろう。

Living Environment Studies

17  しつもんに あてはまる 人（ひと）の 名（な）まえを
（　）に かきましょう。

あおい 　　なお 　　かおる

① はみがきを して いる 人は だれですか。　　　　（　　　　　　　）
② 手（て）を あらって いる 人は だれですか。　　　　（　　　　　　　）
③ しゅくだいを して いる 人は だれですか。　　　　（　　　　　　　）

 POINTは ココだよ!　なにを して いるか、よく 見（み）て みよう。

18 お手（て）つだいの ようすが かかれた かるたです。
〇に 入（はい）る 文字（もじ）は なんですか。□から えらんで、
〇に さいしょの 1字（じ）を かきましょう。

① 　② 　③

せんたくものを たたむ　ごみを すてる　まどを ふく

 POINTは ココだよ!　した ことの ある お手つだいは あるかな。

きせつだより

19
せいかつ

きせつの ものを 見つけよう

えの 草花や 木の すがたが 見られる きせつは いつですか。
なつ→あき→ふゆ→なつ…の じゅんばんに たどって、
ゴールまで いきましょう。ななめには すすめません。

スタート

ヒマワリ	カエデ（赤いろの はっぱ）	イチョウ（きいろの はっぱ）
ハクモクレン	タンポポ	エノコログサ
カエデ（赤いろの はっぱ）	アサガオ	コナラ（ちゃいろの み）
ツバキ	タンポポ	ヒマワリ
エノコログサ	コナラ（ちゃいろの み）	ハクモクレン

ゴール

POINTは
ココだよ！

きせつに よって、すがたが かわる 草花や 木も あるよ。

Living Environment Studies

おもい出を　えに　かきました。□から　えの　だい名を
えらんで、（　）に　かきましょう。

① 　② 　③

（　　　）の　おもい出　（　　　）の　おもい出　（　　　）の　おもい出

なつ　　あき　　ふゆ

　えのような　ことを　した　ことが　あるかな。

まちがった　ことを　いって　いる　人は　だれですか。
（　）に　名まえを　かきましょう。

かずき
カブトムシや
ミンミンゼミは、なつに
見られる　虫だね。

つかさ
ツクシは、あきに
たくさん　見る　ことが
できるよ。

ゆう
ふゆに　なると、
はっぱが　おちた　木を
よく　見かけるね。

（　　　　　　　）

　いつ　どんな　ものを　見たか、おもい出して　みてね。

もうすぐ　2年生

22　せいかつ

1年生の　ときに　見つける　ことが　できた　生きものは
いますか。えの　○　を　えんぴつで　なぞりましょう。

ダンゴムシ

シオカラトンボ

ショウリョウバッタ

チューリップ

シロツメクサ

イチョウ

1年生の　ときに　いちばん　たのしかった　ことを　かきましょう。

せいかつは
ココまで！

1年かんを　ふりかえろう。どんな　ことが　あったかな。

CUSTOM

とりはずして つかえるよ！

CUSTOM i STUDY

小1

STUDY HAPPY

こたえ

なぞり書きの問題については、
こたえを省略している場合があります。

01 ひらがなの よみ かき① ▶ p.18-19

❤ 1 （しょうりゃく）
❤ 2 ①ーおはよう ②ーさようなら
③ーおやすみ
❤ 3 （しょうりゃく）

かんがえかた

❤ 1 まがる ところ、おりかえす ところ、と
める ところ、はらう ところなどに き
を つけましょう。なぞった あとは、お
うちの ひとに みて もらいましょう。
❤ 2 おひるに する あいさつの 「こんにち
は」、よるに する あいさつの 「こんば
んは」も、あわせて おぼえて おきま
しょう。
❤ 3 「じこしょうかい」とは、じぶんの なまえ
や ねんれい、すきな ことなどを あい
てに つたえる ことです。

02 ひらがなの よみ かき② ▶ p.20-21

❤ 4 （しょうりゃく）
❤ 5 （〇を つける ほう）①かば ②ぶた
③ぼうし
❤ 6 ①へび ②たんぽぽ ③ぺんぎん

かんがえかた

❤ 4 「゛」の つく ひらがなには、「がぎぐげ
ご」「ざじずぜぞ」「だぢづでど」「ばびぶべ
ぼ」、「゜」の つく ひらがなには、「ぱぴ
ぷぺぽ」が あります。「゛」も 「゜」も ひ
らがなの みぎうえに かきます。
❤ 5 「ば」と 「ぼ」などの、にて いる ひらが
なに きを つけましょう。
❤ 6 まずは、えに あう ことばを こえに
だして よみましょう。その あと、ど
の ひらがなに 「゛」や 「゜」が つくか
を かんがえます。

03 ひらがなの よみ かき③ ▶ p.22-23

❤ 7 （しょうりゃく）
❤ 8 （〇を つける ほう）①おうさま
②おっとせい ③たっきゅう
❤ 9 ①（×を つける じ）う
（ただしい じ）お
②（×を つける じ）え
（ただしい じ）い
③（×を つける じ）お
（ただしい じ）う

かんがえかた

❤ 7 ①③ちいさく かく じの 「ゃ」「ゅ」
「ょ」は、ひとつ まえの ひらがなと
くっついて ひとつの おんに なる こ
とに ちゅういしましょう。「じゃんけん」
は、5おんでは なく 4おんです。「ちょ
き」は、3おんでは なく 2おんです。
②④⑤のばす おんと、ちいさく かく
じの 「っ」は、ひとつの ひらがなで ひ
とつの おんに なります。
❤ 8 ①「しんご<u>ー</u>」や 「そ<u>ー</u>めん」など、のばす
と 「お」で おわる おんは、ふつう ひ
らがなでは 「う」と あらわす ことが
おおいです（「しんご<u>う</u>」、「そ<u>う</u>めん」）。た
だし、「お<u>お</u>かみ」「こ<u>お</u>ろぎ」「お<u>お</u>い」「お
<u>お</u>きい」など、「お」と あらわす ことば
も あるので ちゅういしましょう。
❤ 9 ①「かきごおり」は、「かく（けずる いみ）」
＋「こおり」で できた ことばです。「こ
おり」が 「ごおり」に かわった ことば
なので、「ごうり」では ありません。
②「とけ<u>ー</u>」や 「れ<u>ー</u>ぞうこ」など、のばす
と 「え」で おわる おんでも、ひらがな
では 「い」と あらわす ことばが あり
ます（「とけ<u>い</u>」、「れ<u>い</u>ぞうこ」）。

04 ぶんを　つくろう　▶ p.24-25

🔟 （しょうりゃく）
⓫ （○を　つける　もの）
　①つばめが　②ねこが　③かわが
　④てが
⓬ ①―たべる　②―ほえる　③―とける

かんがえかた

🔟 「なにが」「だれが」と　「どう　する」を　く
　みあわせると　ぶんを　つくる　ことが
　できます。ほかにも　「なにが」「だれが」と
　おなじ　はたらきを　する　ことばと　し
　て、「なには」「だれは」などが　あります。
⓫ ②④「なにが」「だれが」に　あたる　ぶぶん
　は、ぶんの　とちゅうに　くる　ことも
　あります。「なにが」「だれが」の　「が」に
　ちゅうもくして　かんがえましょう。
⓬ えの　うごきから　「どう　する」の　ぶぶ
　んを　かんがえましょう。

05 「は・を・へ」を　つかおう　▶ p.26-27

⓭ （しょうりゃく）
⓮ （○を　つける　ほう）は、を、え
⓯ （うえから　じゅんに）へ、は、を

かんがえかた

⓭ ことばと　ことばを　つなぐ　はたらきを
　する　「は」「を」「へ」は、「わ」「お」「え」と
　よみますが、そのままの　おんで　かかな
　いように　ちゅういしましょう。
⓮ みずきさんの　はじめの　せりふでは、
　「まんが」と　「おもしろい」を　つなぐ　も
　じの　「は」を　えらびます。つかささんの
　せりふでは、「どうぶつ」と　「たすける」を
　つなぐ　もじの　「を」を　えらびます。
⓯ むずかしい　ときは、□に　「は・を・へ」
　を　ひとつずつ　あてはめて　かんがえま
　しょう。

06 「まる・てん・かぎ」を　つかおう　▶ p.28-29

⓰
きょう　かぞくで○
おはなみに　いきました○
さくらが　まんかいで
とても　きれいでした○
おとうさんは○
らいねんも　おはなみが
できたら　いいね○
と　いいました○

⓱ （○を　つける　ほう）①みく　②れあ
　③みれい
⓲ （せんを　ひく　ところ）
　①はい。　②あはは。
　③なにが　たべたい？

かんがえかた

⓰ まる（。）は　ぶんの　おわり、てん（、）は
　いみの　きれめ、かぎ（「　」）は、「はなし
　ことば」や　さくひんの　なまえなどに
　つきます。それぞれの　やくわりを　おぼ
　えましょう。
⓱ ③「きれいな」は、「おはな」が　どんな　よ
　うすかを　あらわす　ことばです。
　「かだんに　きれいな　おはなが」と
　「かだんに　きれいな　おはなが」、
　どちらが　わかりやすい　ぶんか、かんが
　えましょう。
⓲ どの　ことばが　「はなしことば」なのか、
　ばめんを　おもいうかべて　かんがえま
　しょう。

❶⓱ （しょうりゃく）
⓳ ①ーコアラ　②ーサンダル
　　③ーエクレア　④ーミシン
㉑ （じゅんに）
　　テント、トランプ、プロペラ、ラジオ

かんがえかた

⓳ 「シ」と「ツ」、「ソ」と「ン」など、にて　いる　かたかなに　きを　つけましょう。「ツ」は　すべて　うえから　したに　かくので、うえの　いちが　ほぼ　そろいます。「ン」は　かきはじめの　ひだりの　いちを　そろえて　かきます。

⓴ かたかなは　がいこくから　きた　ことばに　おおく　つかわれます。かたかなの　ことばを　こえに　だして　よんで　みましょう。

㉑ つぎの　ことばの　はじめの　もじや、うすい　じを　ヒントに　かんがえます。2ばんめの　ことばは、「ト」で　はじまり、「プ」で　おわる　4もじの　ことばです。

㉒ （しょうりゃく）
㉓ （○を　つける　ほう）①ホットケーキ
　　②キャベツ　③チャーハン
㉔ ①（×を　つける　じ）ョ
　　（ただしい　じ）ュ
　　②（×を　つける　じ）イ
　　（ただしい　じ）ー
　　③（×を　つける　じ）ビ
　　（ただしい　じ）ピ

かんがえかた

㉒ ひらがなと　おなじように、ちいさく　かく　じの「ャ」「ュ」「ョ」は、ひとつ　まえの　もじと　くっついて　ひとつの　おんに　なります。おうちの　ひとと　てを　たたきながら、よみましょう。

㉓ ①つまる　おとは　ちいさく　かくので「ホット」は　まちがいです。また、のばす　おんは「ー」と　かくので、「ケエキ」も　まちがいです。
　　②てを　たたいて　かんがえると、「キャベツ」は「キャ」「ベ」「ツ」の　3おんだと　わかります。

㉔ ①「ュ」と「ョ」は、まちがえやすいので、ちゅういしましょう。
　　②さいごの「イ」は、のばす　おんなので、「ー」と　かきます。
　　③「ビ」と「ピ」のように、「ハヒフヘホ」は「゛」「゜」の　どちらも　つける　ことが　できるので、かきまちがいに　きを　つけましょう。

㉕ （しょうりゃく）
㉖ （○を　つける　ほう）
　　よ、さん、じゅう、きゅう、に
㉗ ①一　②五　③八

かんがえかた

㉕ 「十」の　よみは、「とう」では　なく「とお」です。一から　九までは、「一つ」「二つ」…と、「つ」を　つける　かぞえかたを　のせて　います。とくべつな　よみかたを　するので、しっかり　おぼえましょう。

㉖ 「四（し）」と　よむ　ことばには「四月」、「十（じっ）」と　よむ　ことばには「十こ」などが　あります。あとに　つく　ことばで　よみかたが　かわって　います。

㉗ 「五」は　かきじゅんに　気を　つけましょう。

10 かん字の よみ かき② ▶ p.36-37

㉘ (しょうりゃく)

㉙ ①一貝 ②一上 ③一口 ④一竹

㉚ ①雨 ②山 ③川 ④田 ⑤中

かんがえかた

㉘ ⑤「田」は、あぜみちで くぎられた 田んぼの すがたから できた 字です。

⑦「上」の 字は 上に ものが ある ことを あらわして います。「上」は ほかに 「上げる」「上がる」「上る」など たくさんの よみが あります。

⑧「中」は ほかに 「ちゅう」「じゅう」と いう よみが あります。「中学校」「せかい中」などで つかいます。

⑨「下」の 字は 下に ものが ある ことを あらわして います。「下」は ほかに 「下りる」「下ろす」など たくさんの よみが あります。

㉙ ④「竹」は、竹の えだを 二つ ならべた すがたから できた 字です。

㉚ ①てんは、さいごに 四つ まとめて かきます。かきじゅんを まちがえないように ちゅういしましょう。

③「川」の まん中の せんは、ほかの 二つよりも みじかく かきます。

⑤さいごの たてせんは、「口」の まん中を とおるように しましょう。

11 いろいろな ことば ▶ p.38-39

㉛ (〇を つける もの)

①にんじん ②とけい

㉜ ①こんちゅう ②いろ ③かず

㉝ ①さくら ②ばら ③ゆり

④つばめ ⑤はと ⑥おうむ

かんがえかた

㉛ ①「にんじん」は 「やさい」の なかまです。

②「とけい」だけ 「がっき」の まとまりに 入りません。

㉜ ①「虫」の まとまりとも いえます。

③「すう字」の まとまりとも いえます。

㉝ ほかにも 「花の まとまり」、「とりの まとまり」の ことばを さがして みましょう。

12 日づけと よう日 ▶ p.40-41

㉞ (しょうりゃく)

㉟ (〇を つける ほう)

よっか、いつか、とおか

㊱ ①火 ②木 ③土

かんがえかた

㉞ 一月一日は お正月、三月三日は ひなまつり、七月七日は たなばたですね。五月五日の 子どもの 日も とくべつな よみかたを します。

日づけの 「一日」から 「十日」までと 「二十日」は とくべつな よみかたを するので、かくにんして おきましょう。

一日 ついたち	二日 ふつか	三日 みっか	四日 よっか	五日 いつか
六日 むいか	七日 なのか	八日 ようか	九日 ここのか	十日 とおか
二十日 はつか				

よう日の かん字は、まとめて おぼえましょう。

㉟ 「十日」の よみかたは とくに まちがえやすいので ちゅういしましょう。

㊱ 日づけや よう日に つかわれる かん字の、 ほかの よみかたも たしかめましょう。

㊲ (しょうりゃく)
㊳ (○を つける ほう)
　いし、おう、いぬ、はやし、おお
㊴ ①玉 ②入 ③休 ④右 ⑤人

かんがえかた

㊲ どの ぶぶんが ちがうのか、にて いる かん字どうしを それぞれ くらべて みましょう。

㊳ 「王」は 「お<u>う</u>」、「大きい」は 「お<u>お</u>(きい)」です。おんは おなじでも よみがなが ちがう かん字に 気を つけましょう。
「もり」は「森」と かきます。「木」・「林」・「森」と まとめて おぼえましょう。

㊴ ④「右」の 一かく目は 「ノ」です。かきじゅんを まちがえやすい かん字なので、「左」と あわせて たしかめましょう。

㊵ (しょうりゃく)
㊶ (○を つける ほう)
　ゆう、て、あし、め
㊷ ①森 ②草 ③花 ④耳 ⑤虫 ⑥空

かんがえかた

㊵ ②「花」は ほかに 「か」と いう よみが あります。「花だん」「花びん」などで つかいます。

㊶ 「手がみ」「目ざめる」の ほかにも、「空耳」「足音」のように からだの ぶぶんの かん字を つかった ことばは たくさん あります。ほかにも かんがえて みましょう。

㊷ ①三つの 「木」の バランスに 気を つけて かきましょう。
②③「草」や 「花」のように、しょくぶつを あらわす かん字も なかまで おぼえましょう。上に 「艹」が つく ことが おおいです。

㊸ (しょうりゃく)
㊹ (○を つける ほう)
　で、こう、た、み、ぶん
㊺ ①男 ②子 ③女 ④学 ⑤名

かんがえかた

㊸ ④「見る」は ほかに、「見せる」「見える」と いう よみが あります。
⑤「出る」は ほかに、「出す」と いう よみが あります。
⑨「文」は ほかに 「もん(も)」と いう よみが あります。「文字」などで つかいます。

㊹ 「見とれる」とは、「こころを うばわれ じっと 見る」ことです。

㊺ ①「力」が 「刀」に ならないように 気を つけましょう。
③かきじゅんを まちがえないように 気を つけましょう。
④「⺍」が 「⺊」に ならないよう、かきじゅんに 気を つけましょう。

01 10までの　かず ▶ p.50-51

① かえる 3　　はな 8
　　さかな 5　　つくし 7
　　あひる 1　　すずめ 2

② ①－ⓘ－4　②－ⓐ－9　③－ⓤ－6

③ （○を　つける　ほう）
　　①4　②8　③10　④3

かんがえかた

かずは　1から　じゅんに
1(いち)、2(に)、3(さん)、4(し、よん)、5(ご)、
6(ろく)、7(しち、なな)、8(はち)、
9(く、きゅう)、10(じゅう)と　かぞえます。

① おなじ　なかまを　みつけて、○で
　　かこみましょう。
　　かずの　よみかたも　おぼえましょう。

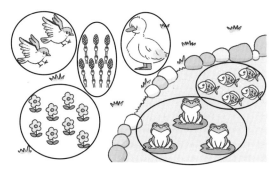

② とらんぷの　まあくが　なんこ　あるか
　　かぞえましょう。

③ わからない　ときは　すうじの　かずだけ
　　●を　かいてから　くらべましょう。

02 なんばんめ ▶ p.52-53

④ ①3　②2　③らいおん　④うま

⑤ ①
　（ひだり）🍎🍎🍎🍎🍎🍎🍎（みぎ）
　②
　（ひだり）👧👦👧👦👧👦👧👦👧（みぎ）

⑥ ①2　②みお

④ 「みぎから」と　「ひだりから」を　まちがえ
　　ないように　きを　つけましょう。

⑤ ②ひだりから　6にん　ぜんいんを
　　○で　かこみます。

⑥ ②「まえから」と　「うしろから」を
　　まちがえないように　しましょう。

03 いくつと　いくつ ▶ p.54-55

⑦ ①1　②2　③3　④4　⑤5

⑧ ①2　②3　③5　④4　⑤2　⑥6
　　⑦2　⑧7

⑨ ①3　②5　③0　④4

かんがえかた

⑦ 6は
　　5と 1　　4と 2　　3と 3
　　2と 4　　1と 5
　　に　わける　ことが　できます。

⑧ ●で　あらわして　かんがえましょう。
　　①●●●●● ●●
　　7は　5と　2です。
　　③●●● ●●●●●
　　8は　3と　5です。
　　④●●●● ●●●●
　　8は　4と　4です。
　　⑥●●●●●● ●●●
　　9は　6と　3です。
　　⑦●●●●●●●● ●●
　　10は　8と　2です。
　　⑧●●●●●●● ●●●
　　10は　7と　3です。

⑨ はなは　1ぽん、2ほん、3ぼん、…と
　　かぞえます。
　　かずを　ただしく　かぞえましょう。
　　③ひとつも　ない　ときは　0と　いう
　　かずで　あらわします。

10 ①7 ②7

11 ①しき 5+1=6 こたえ 6こ
②しき 2+6=8 こたえ 8にん

12 ①3 ②5 ③7 ④8
⑤9 ⑥6 ⑦10 ⑧10

かんがえかた

あわせた かずを かんがえる ときや、もと
の かずより ふえる ときは、たしざんで
けいさんします。

「+」は 「たす」と よみます。

10 ①ぶろっくの かずを かぞえると
7こです。
4ひきと 3びきを あわせるから、
たしざんの しきで あらわすと
「4+3=7」に なります。
②ぶろっくの かずを かぞえると
7こです。
5ひき いて 2ひき ふえるから、
たしざんの しきで あらわすと
「5+2=7」に なります。

11 ①「あわせて」だから たしざんで
けいさんしましょう。
②「ふえると」だから たしざんで
けいさんしましょう。

12 むずかしい ときは ぶろっくを
つかって かんがえましょう。

③
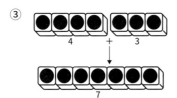

⑧
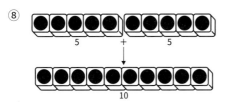

13 ①3 ②3

14 ①しき 8-5=3 こたえ 3こ
②しき 5-4=1 こたえ 1こ おおい

15 ①5 ②4 ③1 ④2
⑤3 ⑥3 ⑦4 ⑧7

かんがえかた

もとの かずより へる ときや、ちがいを
かんがえる ときは、ひきざんで けいさんし
ます。

「-」は 「ひく」と よみます。

13 ①のこりの ぶろっくの かずを
かぞえると 3こです。
7にん いて 4にん へるから、
ひきざんの しきで あらわすと
「7-4=3」と なります。
②のこりの ぶろっくの かずを かぞえ
ると 3こです。
9わと 6わの ちがいを かんがえるか
ら、ひきざんの しきで あらわすと
「9-6=3」と なります。

14 ①「のこりは なんこ」だから ひきざんで
けいさんしましょう。
②どちらが なんこ おおいかを かんが
える ときは、ひきざんで けいさんしま
しょう。

15 むずかしい ときは ぶろっくを
つかって かんがえましょう。

⑤
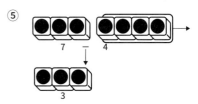

⑧
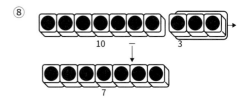

06 10より おおきい かず① ▶ p.60-61

⑯ にんじん 12 ほん
たまねぎ 17 こ
ぴいまん 20 こ

⑰ ①16 ②9 ③10 ④10 ⑤3 ⑥11

⑱ ①14 ②19 ③17 ④15

かんがえかた

10より おおきい かずは、10と いくつに
わけると かぞえやすいです。

⑯ にんじんは 10と 2で 12ほんです。
たまねぎは 10と 7で 17こです。
ぴいまんは 10と 10で 20こです。

⑰ ④20は 10と 10に わける ことが
できます。

⑱ かずの せんでは、みぎに いくほど
かずが おおきく なります。
①14と 13では、14の ほうが
みぎに あります。
14の ほうが おおきいです。
②19と 20では、19の ほうが
ひだりに あります。
19の ほうが ちいさいです。
③12より 5 おおきい かずは、
12から 5めもり みぎに ある
かずです。

12 13 14 15 16 17

5めもり

07 10より おおきい かず② ▶ p.62-63

⑲ ①しき 12＋3＝15　こたえ 15ほん
②しき 15－4＝11　こたえ 11まい

⑳ ①しき 11＋5＝16　こたえ 16ほん
②しき 16－3＝13　こたえ 13びき

㉑ ①12 ②15 ③16 ④18
⑤10 ⑥10 ⑦14 ⑧11

かんがえかた

⑲ ①12＋3の けいさんを します。
12を 10と 2に わけます。

2と 3を たすと 5だから、
10と 5で 15です。
②15－4の けいさんを します。
15を 10と 5に わけます。

5から 4を ひくと 1だから、
10と 1で 11です。

⑳ ①11＋5の けいさんを します。
11を 10と 1に わけます。
1と 5で 6だから、10と 6で
16です。
②16－3の けいさんを します。
16を 10と 6に わけます。
6から 3を ひくと 3だから、
10と 3で 13です。

㉑ 10より おおきい かずを、10と
いくつに わけて けいさんしましょう。

③ 12 ＋ 4＝16
　　10 2

④ 16 ＋ 2＝18
　　10 6

⑤ 17 － 7＝10
　　10 7

⑥ 13 － 3＝10
　　10 3

⑦ 16 － 2＝14
　　10 6

⑧ 19 － 8＝11
　　10 9

08 ながさくらべ・かさくらべ ▶ p.64-65

㉒ ①(○を つける ほう)たて
②う→あ→い

㉓ ①い ②あ

㉔ あ

かんがえかた

㉒ ①おると、たてと
よこの ながさを
くらべられます。
よこより たての
ほうが ながいです。

②えんぴつは 9めもりぶん、
のりは 6めもりぶん、
はさみは 11めもりぶんです。

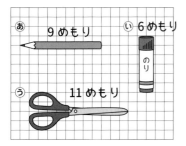

ながい じゅんに ならべると、
はさみ(う)→えんぴつ(あ)→のり(い)と
なります。

㉓ ①こっぷの なかの みずの たかさを
くらべます。
②あは こっぷ 8はいぶん、
いは こっぷ 6ぱいぶんの みずが
はいって いるから、あの ほうが
おおいです。

㉔ 2つの はこを かさねた えを みると、
あの はこの ほうが おおきいです。

09 3つの かずの けいさん ▶ p.66-67

㉕ しき 3+2+1=6 こたえ 6ほん

㉖ 1、2、4、4

㉗ ①18 ②1 ③10 ④16 ⑤3 ⑥14

かんがえかた

まえから じゅんに けいさんしましょう。

㉕ 3+2=5、5+1=6と けいさんします。
3+2+1=6
　5
　　6

㉖ 7−1=6、6−2=4と けいさんします。
7−1−2=4
　6
　　4

㉗ むずかしい ときは はじめの
けいさんの こたえを しきの したに
かいてから つづきの けいさんを
しましょう。
①6+4+8=18
　　10
②10−4−5=1
　　　6
③5−2+7=10
　3
④15−5+6=16
　　10
⑤7+2−6=3
　9
⑥10+8−4=14
　　18

㉘ しき 8＋6＝14　　こたえ 14こ
㉙ しき 4＋7＝11　　こたえ 11ぴき
㉚ ① 13　② 11　③ 12　④ 13
　　⑤ 16　⑥ 12　⑦ 5　⑧ 9

㉛ しき 15－8＝7　　こたえ 7にん
㉜ しき 13－4＝9　　こたえ 9ほん
㉝ ① 7　② 5　③ 9　④ 4
　　⑤ 9　⑥ 8　⑦ 8　⑧ 3

かんがえかた

㉘ 8＋6の けいさんを します。
8は あと 2で 10だから、　　　8＋6
6を 2と 4に わけます。　　　 2　4
8に 2を たして 10
10と 4で 14です。

㉙ 4＋7の けいさんを します。
4は あと 6で 10だから、　　　4＋7
7を 6と 1に わけます。　　　 6　1
4に 6を たして 10
10と 1で 11です。

㉚ 10の まとまりが できるように
かんがえましょう。
① 8＋5＝13
　　 2　3
② 9＋2＝11
　　 1　1
③ 6＋6＝12
　　 4　2
④ 5＋8＝13
　　 5　3
⑤ 7＋9＝16
　　 3　6
⑥ 4＋8＝12
　　 6　2
⑦ 0を たしても こたえは
かわりません。
⑧ 0に かずを たすと、たした
かずに なります。

かんがえかた

「10と いくつ」に わけて かんがえましょう。

㉛ 15－8の けいさんを します。
5から 8は ひけないから、　　　15－8
15を 10と 5に わけます。　10　5
10から 8を ひいて 2
2と 5で 7です。

㉜ 13－4の けいさんを します。
3から 4は ひけないから、　　　13－4
13を 10と 3に わけます。　10　3
10から 4を ひいて 6
6と 3で 9です。

㉝ ① 16を 10と 6に わけます。
10から 9を ひいて 1　　　　16－9
1と 6で 7です。　　　　　　10　6
16－9＝7
② 12を 10と 2に わけます。
10から 7を ひいて 3　　　　12－7
3と 2で 5です。　　　　　　10　2
12－7＝5
③ 17－8＝9
　10　7
④ 13－9＝4
　10　3
⑤ 11－2＝9
　10　1
⑥ 12－4＝8
　10　2
⑦⑧ 0を ひいても こたえは かわり
ません。

㉞ ①

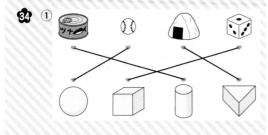

②

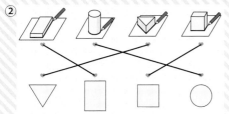

㉟ ①2まい　②4まい

③10まい　④8まい

㊱ ①12ほん　②8ほん　③12ほん

㉞ ずを よく みて、にて いる かたちを
さがしましょう。

㉟ ⬜は ◢を 2まい あわせると
つくる ことが できます。

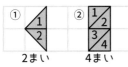

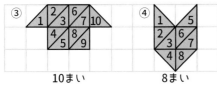

㊱ かぞえわすれが ないように、しるしを
つけながら かぞえましょう。

㊲ ①90こ　②(○を つける もの)74　③39

㊳ ①(○を つける ほう)ぁ84　ⓘ101

②ぁ73、89　ⓘ106、115

㊴ ①50　②10　③39　④79

⑤67　⑥24　⑦91　⑧55

㊲ ①10の まとまりが 9こで
90こに なります。

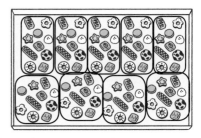

③10が 3つで 30なので、
10が 3つと 1が 9つで 39です。

㊳ ①ぁ84の 十のくらいは 8、
48の 十のくらいは 4だから、
84の ほうが 大きいです。
ⓘ99は 100より 小さく、
101は 100より 大きいから、
101の ほうが 大きいです。
②ぁ70より 3 大きい かずは 73
90より 1 小さい かずは 89です。

㊴ ①20は 10の まとまりが 2こ、
30は 10の まとまりが 3こです。
2+3=5で、10の まとまりが
5こに なるから、20+30=50です。

②100は 10の まとまりが 10こ、
90は 10の まとまりが 9こです。
10-9=1で、10の まとまりが
1こに なるから、100-90=10です。

⑤65は 60と 5に わけられます。
5と 2で 7、60と 7で 67です。

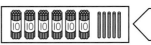

⑦96は 90と 6に わけられます。
6から 5を ひいて 1、
90と 1で 91です。

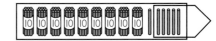

14 とけい ▶ p.76-77

㊵ ① ⓐ7じ　　ⓘ10じはん
　　② ⓐ7じ10ぷん　ⓘ4じ48ぷん

㊶ ① 　②

　③ 　④

㊷ ① 　②

　③ 　④

 15 かずしらべ・ひろさしらべ・ものの いち ▶ p.78-79

㊸ ①

はな	
はっぱ	
むし	
とり	

　②はな

㊹ （〇を つける ほう）①ⓘ　②ⓘ　③ⓐ

㊺ ①

☀	♣	✚	■	♠
♪	☾	◆	＝	●
▲	♫	★	❤	ー

　②（〇を つける ほう）下、左

かんがえかた

㊵ ①「はん」の ことを 「30ぷん」とも
いいます。
ⓐみじかい はりが 7を
さして いるので、7じです。
ⓘみじかい はりが 10と 11の
あいだに あるので、10じはんです。
②1目もりは 1ぷんを あらわして
います。
ⓐながい はりが 2を さして
いるので、10ぷんを あらわして
います。
ⓘながい はりが 9を さすと
45ぷんなので、この とけいは
48ぷんを あらわして います。

㊶「はん」は ながい はりが 6の
ときです。

㊷ 5ふんごとに かんがえて みましょう。

かんがえかた

㊸ 大きさや いちを そろえて ずに あら
わすと くらべやすくなります。

㊹ ②ⓐの タイルは 9まい、
ⓘの タイルは 10まいだから、
ⓘの ほうが ひろいです。
③ⓐの タイルは 14まい、
ⓘの タイルは 13まいだから、
ⓐの ほうが ひろいです。

㊺ 上からと 下から、右からと 左からを
まちがえないように きを つけましょう。
左から 4ばん目と 右から 2ばん目は
おなじです。

01 がっこうたんけんに いこう① ▶ p.82-83

❶ （◌を　なぞる　もの）③、④、⑤
❷ りな：おんがくしつ
　　さほ：としょしつ
❸

かんがえかた

❶ がっこうたんけんを　する　ときは、みんなで　しずかに　こうどうします。がっこうに　いる　ひとには、げんきに　あいさつできるように　しましょう。

❷ しょくいんしつには　せんせいが　います。ほけんしつには　べっどや　くすりが　あります。どこに　どんな　ものが　あるのか、しって　おきましょう。

❸ がっこうでは　せんせいの　ほかにも　いろいろな　ひとが　はたらいて　います。
①−⑤けがを　した　ときや、ぐあいが　わるい　ときには、ほけんしつに　いきましょう。
②−⑥ちょうりいんは、きゅうしょくを　つくったり　しょっきを　あらったりして　います。
③−⑧ぎじゅつさぎょういんは、こわれた　ところを　しゅうりするなど、みんなが　がっこうで　きもちよく　すごせるように　はたらいて　います。
⑩は　こうちょうせんせいです。がっこうで　こどもや　せんせいを　みまもって　います。

02 がっこうたんけんに いこう② ▶ p.84-85

❹ （しょうりゃく）
❺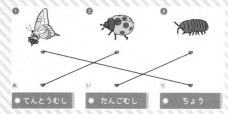
❻ ①てつぼう　②たんぽぽ
　　③ちゅうりっぷ

かんがえかた

❹ かだんは　はなを　そだてる　ところです。しいくごやは　うさぎなどの　どうぶつを　かう　ところです。

❺・❻ しらない　いきものを　みつけたら、きょうかしょなどで　なまえを　しらべてみましょう。

03 がっこうの まわりを あるこう ▶ p.86-87

❼ （×を　かく　もの）①、③、⑤
❽ （○を　かく　ほう）①⑤　②⑥
❾ ①い、か　②の　③お　④す　⑤し

かんがえかた

❼ やくそくや　きまりを　まもって　つうがくしましょう。かさを　ふりまわして、まわりの　ものや　ひとに　あたると　きけんです。かわに　おちないように　するため、かわを　のぞきこまないように　しましょう。

❽ ①こまった　ことが　あったら　こうばんへ　いき、けいさつかんに　そうだんしましょう。⑥は、かじの　ときに　ひを　けす　しごとを　する、しょうぼうしです。

②あは 「わたっては いけません」と
いう ひょうしきです。この ひょうし
きが ある どうろは、わたれません。
①は、おうだんほどうが ある ことを
しらせる ひょうしきです。

❾ 「いかのおすし(ついて いかない、くるま
に のらない、おおごえを だす、すぐに
にげる、おとなに しらせる)」は そとで
の やくそくです。「おうちの ひとが
よんで いるよ」「ほしい ものを かっ
て あげるよ」などと いわれても、ぜっ
たいに ついて いっては いけません。

04 はなを そだてよう ▶ p.88-89

❿ ①ひまわり ②あさがお
⓫ みずき
⓬ ①11にち ②30にち ③21にち

かんがえかた

❿ ①ひまわりの たねには、しまもようが
あります。たねの いろや かたちを よ
く みましょう。
②あさがおの はなは、らっぱのような
かたちに なって います。
⓫ あさがおは、たねの 3つぶんの ふかさ
の あなに たねを まきます。つちが
かわかないように、みずやりを しましょ
う。
⓬ たねを まいて しばらく したら、めが
でて きます。その あと、くきが のび
て はっぱが おおきく そだち、はなが
さきます。ひづけを よく みて、はやい
ほうから じゅんばんに かきます。

05 みんなで あそぼう ▶ p.90-91

⓭

かだん、なかよく、たいせつに
⓮ (○を かく ほう)あ
⓯

のぼりぼう ぶらんこ うんてい

かんがえかた

⓭ こうえんは、みんなの ものです。こうえ
んに ある ものは、たいせつに しま
しょう。
⓮ れいさんは きょう、くさずもうを した
ので、あを えらびます。①は はなかん
むりの えです。
⓯ ゆうぐで あそぶ ときは、やくそくを
まもって あんぜんに つかいましょう。

06 えがお ひろがれ ▶ p.92-93

⓰ ①1 ②5 ③2 ④3 ⑤4 ⑥6
あいさつ、げん気
⓱ ①かおる ②なお ③あおい
⓲ ①ご ②せ ③ま

16 ①「おはよう」は あさの あいさつです。
②おうちの 人が かえって きたら、「お
かえりなさい」と いって むかえます。
③学校に いきます。「いってきます」は
出かける ときの あいさつです。
④きゅうしょくを たべます。「いただき
ます」は たべる ときの あいさつです。
⑤おうちに かえって きました。「ただ
いま」は かえって きた ときの あい
さつです。
⑥「おやすみなさい」は ねる ときの あ
いさつです。

17 あおい：つくえに むかって、しゅくだい
を して います。
なお：せんめんじょで 手を あらって
います。
かおる：はブラシを つかって、はみがき
を して います。

18 ①きめられた ところに おうちの ごみ
を すてて います。
②せんたくものを たたんで います。
③ぞうきんで まどを ふいて います。

07 きせつだより　　▶ p.94-95

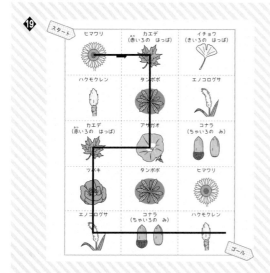

19
スタート
ヒマワリ ／ カエデ（赤いろの はっぱ） ／ イチョウ（きいろの はっぱ）
ハクモクレン ／ タンポポ ／ エノコログサ
カエデ（赤いろの はっぱ） ／ アサガオ ／ コナラ（ちゃいろの み）
ツバキ ／ タンポポ ／ ヒマワリ
エノコログサ ／ コナラ（ちゃいろの み） ／ ハクモクレン
ゴール

20 ①ふゆ　②なつ　③あき
21 つかさ

19 えのような すがたを した 草花や 木
が 見られる きせつを かんがえます。
・なつ
　ヒマワリ、エノコログサ、アサガオ
・あき
　カエデ、イチョウ、コナラ
あきに なると、はっぱの いろが 赤い
ろや きいろに かわる ものが ありま
す。
・ふゆ
　ハクモクレン、タンポポ、ツバキ
ふゆの タンポポは、はっぱだけの すが
たに なって います。

20 ①は ゆきだるまを つくって いる え、
②は 花火を して いる え、③は く
りひろいの えです。

21 ツクシは、はるに 見られます。

08 もうすぐ 2年生　　▶ p.96

22 （しょうりゃく）

22 生きものの 名まえを どれだけ おぼえ
ましたか。できるように なった こと、
せいちょうしたと かんじる ことは、ど
んな ことですか。学年の さいごには
1年かんを ふりかえりましょう。